Elogios para
KINGDOM BUILDERS

Este libro es mucho más que una teoría o simplemente lindos pensamientos. Este libro comunica una revelación extraordinaria, una revelación que no está basada en un concepto aprendido en la universidad o en un momento de lucidez mental, es el reflejo de una vida que ha sido totalmente entregada a edificar la iglesia local y extender el Reino de Dios a través de la generosidad e impulsarnos a entender que vivimos por algo mucho más grande que nosotros mismos. Soy testigo que Andrew ha vivido todo lo que en las paginas de este libro nos habla por más de 25 años y se que, como a mi, te va desafiar e inspirar a elevar tu Fe, tu generosidad y tu compromiso al reino de Dios a otro nivel! Estos principios son aplicables a aquellos que recién comienzan en la aventura de la Fe y también a aquellos que han caminado con el Señor por mucho tiempo.

— **Chris & Lucy Mendez,** Pastores,
Hillsong América Latina

Escuchar a Andrew hablar acerca del Reino de Dios es revolucionario. Su comprensión y revelación acerca del principio de la generosidad y compromiso de corazón con la iglesia local son únicas. Jamás olvidaremos la primera vez, de muchas más, que estuvo con nosotros en España, todos salimos de aquella reunión cambiados y equipados para ver a la iglesia local y a nuestras vidas personales florecer y fortalecerse. No importa en que etapa de la vida te encuentres, si estás buscando consolidar tu vida, fortalecer tus finanzas, marcar un impacto a tu alrededor y sobre todo edificar la iglesia local, te aseguro que este libro marcará un antes y un después en ti y en aquello que te rodea. Gracias Andrew por plasmar en palabras tu corazón, que este libro traiga una revolución de avivamiento por todo el mundo.

— **Juan Mejías & Damsy Mich,** Pastores,
Hillsong Church España

Algunas de las verdades más profundas no son las que se aprenden sino las que se descubren. Verdades que se descubren al atravesar las temporadas buenas y malas de la vida, mostrándonos lo que es realmente importante y lo que implica edificar el Reino de Dios. Andrew Denton es un vivo ejemplo del poder de la generosidad. Su libro 'Kingdom Builders' está lleno de revelaciones impactantes con décadas de fidelidad y experiencia para respaldarlas. Sé que este libro te equipará, bendecirá y guiará a descubrir estas verdades por tu cuenta.

— **Sam & Courtney Lopez,** Pastores,
Hillsong Church California

He tenido el placer de conocer a Andrew y su familia desde hace 20 años y siempre he tenido una gran admiración por como toda su familia ama ver el Reino de Dios avanzar, incluyendo el aspecto económico. Como pastores, hemos visto a Andrew ministrando en diferentes momentos. No importa si es un taller o sesiones uno a uno, Andrew ha sido parte vital durante años en edificar nuestra iglesia. Estoy emocionado al poder ver este libro en las manos del máximo de personas posible, ya que sé que ayudará a muchos a alcanzar el éxito, que es lo que Andrew desea.

— **Thomas & Katherine Hansen,** Pastores,
Hillsong Church Denmark & Malmö

Conozco a Andrew Denton desde hace muchos años y he visto cómo se desarrollaba su vida como Kingdom Builder. Él vive el mensaje de este libro. Su compromiso con su familia, su iglesia, su negocio y el Reino es un modelo para que todos vivamos para que nuestro legado siga vivo más allá de nosotros.

— **Lee & Laura Domingue,**
Autor de *Pearls of the King*
y Fundadores de Kingdom Builders US

Andrew ha plasmado por fin en un libro su corazón y pasión por la iglesia local y su buen hacer en las finanzas. He tratado con Andrew durante 15 años y en ese tiempo, he visto su corazón y pasión como hombre de familia, astuto empresario, generoso dador para el Reino, e inspirador hombre. Su pasión por financiar el Reino es contagiosa y ha añadido valor a iglesia por todo el mundo con su ejemplo, enseñando, y su revelación personal. Una cosa es escribir sobre lo que sabes, y otra muy diferente escribir sobre quién eres y que estás haciendo. Recomiendo absolutamente este libro a todo miembro y pastor alrededor del mundo como un recurso para edificar la fe y crear el pensamiento correcto para liberar recursos para edificar el Reino de Dios.

— **André & Wilma Olivier,** Pastores Principales,
Rivers Church South Africa

Andrew es uno de los hombres más inspiradores que he conocido. Todo en su vida habla de autenticidad y de ayudar a otras personas a soñar para vivir con todo su potencial. Cuando miro el éxito, no se trata solo de las finanzas y estatus, sino del panorama completo: Dios, familia, amistades, amor y legado. Para mí, este es Andrew

Denton. Su vida y su historia son un viaje de fe, libertad y vivir una vida más grande y más allá de sí mismo al utilizar lo que tiene en su mano para ser una bendición para los demás y para el Reino de Dios.

— **Brenden & Jacqui Brown,** Pastores de Campus, Hillsong Church San Fransisco

Conozco a Andrew desde hace muchos años y he visto a nivel personal como le apasiona enseñar a otros. Donde Dios, familia y carrera florecen en torno al propósito que ha encontrado de edificar la iglesia local. Cada vez que ha estado con nosotros en Suecia, ha traído una gran revelación a nuestra iglesia sobre la mayordomía y cómo construir una vida con propósito, ya sea en la plataforma o a través de las muchas conversaciones personales que tiene con la gente. Este libro te ayudará de muchas formas diferentes.

— **Andreas & Lina Nielsen,** Pastores, Hillsong Church Sweden

Él es el verdadero "negocio". Andrew está probado y verificado. Después de conocerlo durante muchos años, he visto y experimentado su amor a Dios, su amor por su familia, y su inquebrantable misión de financiar y edificar el Reino de Dios mediante la iglesia local. Lee, considera, y aplica lo que aquí está escrito; serás más grande, mejor persona.

— **Mark & Leigh Ramsey,** Pastores Principales, Citipointe Church

Andrew ha sido una gran bendición para nuestra iglesia. Como un fiel miembro desde hace mucho tiempo de la Iglesia Hillsong, lleva en él una perspectiva perspicaz, inspiradora y liberadora sobre lo que significa asociarse con un pastor como Kingdom Builder. ¡Estoy entusiasmado con este libro!

— **Kevin & Sheila Gerald,** Pastores Principales, Champions Centre Seattle

He tenido el honor de conocer a Andrew durante muchos años. Junto con su esposa Susan, Andrew ha vivido con una pasión implacable por el Reino, demostrada de muchas maneras, particularmente mediante su don de dar. El libro de Andrew te inspirará y te equipará para vivir y construir ahora para la eternidad.

— **Paul & Maree DeJong,** Pastores Principales, LifeNZ New Zealand

Ha sido un verdadero privilegio conocer a Andrew Denton durante muchos años y tener la oportunidad de ver el fruto de su vida como esposo y padre, así como Anciano en nuestra iglesia. Su fe en lo que Dios puede hacer, su pasión por la iglesia y su vulnerabilidad al compartir su vida han sido una bendición increíble, ya sea en persona o frente a miles. Sé que la autenticidad de lo que contienen estas páginas impactará a las personas genuinamente y dará como resultado frutos increíbles en sus vidas.

— **Chrishan & Danielle Jeyaratnam,** Pastores de Campus, Hillsong Church Perth

Andrew Denton es uno de los mejores hombres que conozco. Hay algo absolutamente inspirador cada vez que escucho sobre sus humildes comienzos trabajando como fontanero hasta el exitoso promotor inmobiliario que es hoy. Junto con su esposa Susan, la vida de Andrew habla de valentía, determinación, fidelidad y generosidad sacrificada. La parte íntima de la historia de Andrew es su obediencia a Dios y es la sustancia que lo envía por todo el mundo para equipar y animar a las personas a descubrir y desarrollar su potencial dado por Dios. Nuestra gente y nuestra iglesia son mejores por su tiempo invertido y han sido desafiados a ser fieles con poco, ser confiados con mucho y a seguir adelante para construir el Reino.

— **Mike & Lisa Kai,** Pastores Principales, Inspire Church Hawaii

Un encuentro con Andrew Denton cambiará tu vida como ha cambiado la mía. Andrew aporta mucha verdad, sabiduría y autoridad cuando se trata de la vida real en el mercado. ¡Qué privilegio recibir de alguien que vive una gran vida con propósito a partir de una relación profunda con Jesús!

— **Berend & Esther te Voortwis,** CEO, crowdbutching.com

Estoy agradecido de que Dios me haya permitido conocer a Andrew Denton. Como empresarios, somos buenos para concentrarnos en QUÉ hacemos y CÓMO lo hacemos, pero muchas veces olvidamos POR QUÉ lo hacemos. El mensaje de Andrew sobre cómo llevar nuestra vida y nuestros negocios a través de los principios del Reino, y aún más importante, para los propósitos del Reino, ha cambiado mi perspectiva sobre mi Dios y me ha dado el llamado a ser un hombre de negocios.

— **David & Maren Reme,** CEO, Reme Holdings AS Norway

KINGDOM BUILDERS

COMO IR **CON TODO** EN LA VIDA
Y CONVERTIR LA VISIÓN EN REALIDAD

Andrew Denton

Prólogo de Brian Houston

Kingdom Builders
Copyright © 2020 de Andrew Denton

Todos los derechos reservados. Ninguna parte de esta publicación puede ser reproducida o transmitida en ningún tipo de formato, sea electrónico o mecánico, incluyendo fotocopiar, grabar o usar cualquier forma de almacenamiento de información y sistema de recuperación, sin el permiso previo por escrito del autor.

A menos que se indique lo contrario, todas las citas bíblicas provienen de NVI — La Santa Biblia, Nueva Versión Internacional ®, NVI ®, Derechos de autor © 1973, 1978, 1984, 2011 por Biblica, Inc ® Usado con permiso. Todos los derechos reservados mundialmente.

"The Church I See" (La Iglesia Que Veo) © 1993, Hillsong Church. Usado con permiso. Traducción libre.

Primera edición 2020

ISBN 978-1-922411-14-3 (versión impresa)
ISBN 978-1-922411-15-0 (ebook)

Portada & diseño interior: Felix Molonfalean
Fotografía portada: Tony Irving
Traducción: Monolit Books

A Susan *— tu eres verdaderamente un regalo de Dios y la Kingdom Builder original en mi vida. Este libro solo es posible por tu amor, fe, y creencia en mi. Gracias por decir "sí" a este gran y feo Australiano.*

A mis hijos *— sois bendecidos para bendecir. Sé que lo sabéis y mi oración para vosotros es que siempre seáis la cabeza, no la cola. Mantened la fe, permanecer en el camino, y sabed que vuestra madre y yo os amamos.*

A los Kingdom Builders de todo el mundo *— seguid adelante. Seguid sirviendo. Seguid amando. Seguid dando. Seguid liderando. Y, seguid "inofendibles".*

*"Dios Padre, yo oro hoy:
sea hecha Tu voluntad.
Me has prometido guiar mis pasos.
Ayúdame a tomar decisiones sabias.
Dame favor ante las personas. Amén."*

ÍNDICE

Prólogo de Brian Houston	XV
Consejo Fraternal de Phill Denton	XIX
Una Invitación a una Vida "Con Todo"	1
Mi viaje: Exactamente la Misma Fe	3

Parte Primera: Los Principios

¿El ministerio de Qué?	21
Ver a Dios como Mi Todo	33
No Se Trata del Dinero	45
Prioridades y Planificación	55
Avanzando hacia Atrás	65

Parte Segunda: Los Socios

Mi Esposa	77
Los Hijos de Mis Hijos	87
Mi Pastor	97
Mi Red	107
Una Carta Abierta a los Pastores del Mundo	117

Parte Tercera: La Práctica

Fe se Deletrea RIESGO	123
Edificando en Temporadas Inciertas	135

Conclusión: Es Tiempo de Edificar	149
Apéndice A: Lista para Kingdom Builders	152
Apéndice B: Preguntas para Entrevistas Individuales	153
Agradecimientos	154
Sobre el Autor	155

Prólogo de

BRIAN HOUSTON

Andrew Denton es el tipo de hombre que todo pastor quiere en su congregación.

Es atrevido. Es honesto. Es digno de confianza. Tiene autoridad espiritual. Es un buen esposo, padre y abuelo. Y les dice a todos que no es un pastor, pero se preocupa por las personas y se extiende a los demás tanto, si no más, que cualquier pastor que conozca.

Todavía recuerdo el día en que se sentó frente a mí tomando un café durante la Conferencia de Hillsong y confesó que estaba sintiendo el "llamado" para ir y levantar Kingdom Builders en todo el mundo. Sentía que debía compartir su historia y permitir que su historia inspirara a otros a hacer lo mismo. No había ambición en su tono. No estaba tratando de construirse una plataforma o ganarse un nombre. Simplemente quería que otros experimentaran la bendición que él mismo ha experimentado a través de la obediencia a Cristo.

Cuando me siento a pensar en los otros hombres, mujeres y familias de nuestra iglesia que representan a nuestros Kingdom Builders, la palabra que me viene a la mente es FIDELIDAD. Personas que, al igual que Andrew, reconocen la fidelidad de Dios en su propia vida y que superan fielmente su llamado a amar al prójimo, cuidar de los pobres y llegar a los confines de la tierra con las buenas nuevas del Evangelio de Jesucristo.

Los Kingdom Builders de nuestra propia iglesia han hecho importantes sacrificios personales para que la visión y misión de nuestra iglesia pueda dar pasos agigantados y no sé dónde estaríamos sin ellos. Se estiran y se extienden a si mismos. Creen que sus vidas pueden desempeñar un papel importante en la edificación de lo que Dios mismo dice que está edificando: Su Iglesia. El fruto de las salvaciones semanales que vemos en la Iglesia Hillsong es también su fruto, nacido de un corazón para hacer de Hillsong su lugar de siembra, un HOGAR para otros.

Creo que todo pastor necesita un grupo clave de hombres y mujeres como este. Gente que ama la Casa de Dios. Personas que están comprometidas a apoyarse en la visión de la siembra, a confiar y apoyar el liderazgo, y a la mayordomía divina de lo que se les ha dado.

No puedo animaros lo suficiente a sustentaros en este mensaje y estos principios que comparte Andrew. Si eres pastor, ora para que Dios le traiga Kingdom Builders para ayudar a llevar adelante tu visión y darle a Dios la gloria. Si eres dueño de un negocio, un padre que se queda en casa, un joven que acaba de comenzar la universidad o en cualquier punto intermedio, oro para que Dios te hable personalmente sobre el papel que puedes desempeñar, a dónde quiere llevarte, y cómo quiere usar tu vida para servir al mundo que te rodea.

El Cuerpo de Cristo está lleno de hombres y mujeres innovadores que marcan la diferencia y reconocen que los Kingdom Builders son edificadores de iglesias; reconocen que sus vidas son más que ellos mismos; son hombres y mujeres que tienen una revelación del PROPÓSITO y la CAUSA por la que viven. Oro para que tú también captes esta revelación...

"Amen al Señor, todos sus fieles; él protege a los dignos de confianza..." (Salmos 31:23)

Que Dios te bendiga a ti y a tu familia.

— **Brian Houston**
Fundador Global y Pastor Principal, Hillsong Church
Autor del bestseller *Vive, Ama, Lidera*

Consejo Fraternal de

PHILL DENTON

Mis primeros recuerdos de mi hermano mayor, Andrew, se reducían a dos cosas: siempre estaba trabajando y tenía barba.

Yo tenía 10 años cuando se fué de casa, 27 cuando empezamos a trabajar juntos, y 20 años después, no puedo imaginarme haciendo negocios con nadie más. O haciendo cualquier otra cosa con mi vida.

Ambos hemos sido bendecidos a lo largo de los años y buscamos ser una bendición para los demás.

Este libro es la historia de Andrew. A lo largo de los años, he estado allí con él, hombro con hombro, y he sido testigo de cómo Dios bendice los pasos de fe.

Mi consejo para cualquiera que lea este libro es simple: puedes hacer algo.

Puedes dar. No importa cuánto. Siempre que sea un paso de fe. Algo que te estire. Si estás pensando en ello, solo tienes que intentarlo. Entonces, anímate. Ve a por ello.

Con suerte, este libro te ayudará a dar el primer paso. Especialmente, si estás siendo instado y movido. Ese empujón que sientes en tu costado es Dios diciendo, "Da el salto."

— **Phill Denton**
Miembro de la Junta, Hillsong Church
Kingdom Builder

UNA INVITACIÓN A UNA VIDA **CON** ——— **TODO**

Quiero comenzar con un aviso: nunca terminé la escuela. Solo soy un fontanero australiano con ropa limpia. No hay nada especial en mí. Excepto por el hecho de que he elegido ir "con todo" con Dios.

Lo que me lleva al objetivo de este pequeño libro: creo que he sido llamado a movilizar a una tribu de personas para que también vayan "con todo" con Dios.

Personas como mi esposa Susan y yo.

Creyentes que han elegido ser fieles con lo que tenemos para que Dios pueda abrir las compuertas del Cielo.

Estoy escribiendo este libro porque creo que Dios está levantando un ejército de Kingdom Builders en todo el mundo.

Utilizo el término Kingdom Builders (Edificadores del Reino) porque no estamos llamados a ser "pasajeros" del Reino.

No estamos llamados a ser consumidores del Reino.

No.

Hemos sido llamados a ser Kingdom Builders.

Sé un par de cosas sobre la construcción. Lo he estado haciendo toda mi vida.

Ser un Kingdom Builder no se trata de inteligencia, habilidades o posición social.

No se trata de tu posición financiera.

Créeme, mi esposa y yo no teníamos mucho cuando dimos nuestro primer paso de fe. En ese momento, parecía imposible. Pero confiamos en Dios y Él nos ha bendecido miles de veces.

Realmente creo que tenemos la suerte de ser una bendición. No siempre pensé de esta manera. Ahora, mi única misión en la vida es compartir esta simple y transformadora verdad.

Dios te invita a ayudar a construir Su Reino.

Sí.

Él te está llamando a ser un Kingdom Builder.

Ser un Kingdom Builder se trata de fe.

Creer en las promesas de las Escrituras. Tomando decisiones acertadas. Y siguiendo a Dios cada día.

Quiero esforzarme a diario. La fe es un viaje "momento a momento" con Dios.

En las siguientes páginas, comparto mi historia y las historias de otras personas que han escuchado el llamado de Dios para financiar el Reino. Gente común como tú que se ha despertado al gozo de lo que significa vivir una vida generosa. Creyentes que van más allá y han decidido poner a Dios primero en cada área de sus vidas.

Espero que te unas a nosotros.

Mi viaje:

EXACTAMENTE LA MISMA FE

Mi bisabuelo fue expulsado de la Iglesia Bautista por ser demasiado espiritual. Era un simple fontanero como yo que se salvó radicalmente. Papá Denton fue mi primer ejemplo de lo que significaba ser un creyente "con todo". Solía predicar en las esquinas de las calles de Sydney sobre el único Dios verdadero.

Le estoy agradecido por encaminar a la familia Denton hacia varias generaciones de creyentes. Su hijo, Sidney, mi abuelo, era pastor. Mi padre, Barry, también lo era. Por el lado de la familia de mi esposa, el cristianismo también se remonta a varias generaciones. Tenemos una rica herencia Cristiana.

Mi esposa Susan y yo tenemos tres hijos: Jonathan, que está casado con Kmy y nos dio nuestro primer nieto, Dallas, y nuestra nieta, Daisy; Mitchell, que está casado con Elisabetta; y nuestra hija, Anna, que está casada con

Ehsan, con nuestra nieta, Sage.

Todos nuestros hijos están en la iglesia y sirven a Dios

Nací en 1965 en Bowral, Nueva Gales del Sur, Australia. He estado en la iglesia la mayoría de los domingos durante los últimos 55 años. Al crecer, todo lo que sabía era la iglesia. Ser hijo de un pastor puede llevarte directamente al ministerio o alejarte de él por completo. Elegí surfear y trabajar.

No me malinterpretes, amo a los pastores. Simplemente, no es mi llamado.

Todavía pienso igual hoy. De hecho, mi frase inicial cuando me levanto para compartir el mensaje de Kingdom Builders es esta:

"No soy pastor. No soy miembro del personal de Hillsong Church. No soy un orador itinerante. No hago esto para ganarme la vida. El noventa y nueve por ciento de las veces, me siento en la congregación como tú, ¡porque soy tú!"

La única diferencia entre el viejo Andrew y el nuevo es que hoy sé quién soy. Sé mi propósito en la vida: financiar el Reino.

No siempre pensé de esta manera. Al habernos criado como hijos de un predicador pentecostal (HP) en los años sesenta y setenta, heredamos una mentalidad de pobreza. Básicamente, la creencia de que, si eras rico, no eras de fiar; el dinero era definitivamente la raíz de todos los males. Esta enseñanza era todo lo que sabía.

Mi papá siempre tuvo un trabajo secular para compensar el salario de pastor. Sabía cuándo era fin de mes porque comíamos espaguetis toda la semana para cenar.

Sin embargo, algo sobre la mentalidad de pobreza simplemente no me encajaba bien, pero en ese momento no conocía otra forma de pensar sobre las finanzas.

En casa, la iglesia fue lo primero y la familia lo segundo.

Al crecer, nunca sobresalí en la escuela. De hecho, la detestaba y me saltaba muchas clases. El océano fue el lugar en el que me sentí más pacífico, aceptado y desafiado. He sido surfista toda mi vida. Navegaba antes de la escuela, después de la escuela y durante la escuela. Por tanto, tan pronto como pude dejar la escuela legalmente, lo hice.

A la "madura" edad de 15 años, dejé mi educación formal para ingresar a la tarea laboral sin un plan real más que conseguir aprender un oficio.

No tenía ni idea de lo que quería hacer, así que fui a la Careers Night (Noche de Empleos) en la Trades Show Expo (Feria del Trabajo). Si soy honesto contigo, quería conseguir lo máximo haciendo lo mínimo.

Fui mesa por mesa esa noche, haciendo una simple pregunta:

"¿Cuánto pagáis?"

Fontanería pagaba más como aprendiz, así que elegí convertirme en fontanero.

Sin investigación. Sin pensar en el futuro. Sólo quién pagaba más.

Envié un puñado de currículums a posibles empleadores y fui a un par de entrevistas antes de emprender un viaje de surf prolongado con un buen amigo. Aproximadamente una semana antes de llegar a casa, llamé a mi madre, que no había tenido noticias mías en semanas. Le dije que estaría en casa el martes siguiente.

Su respuesta fue bastante sencilla e impactante, "Bien. ¡Tienes trabajo y empiezas el miércoles!"

Entonces comencé mi vida profesional como aprendiz de fontanero.

Una cosa que mi padre me enseñó fue a trabajar duro. Estoy agradecido por esto, pero no tenía un buen conocimiento de las finanzas. No fue hasta que cumplí 16 años y conocí a mi novia de entonces y futura esposa, Susan, que comencé a comprender mejor el dinero.

La conocí en la iglesia un domingo por la mañana. Alguien sabía de la iglesia de mi padre y le recomendó que viniera. Todavía recuerdo la ropa que llevaba la primera vez que la vi.

Decir que impresionó a este gran y feo tipo australiano sería quedarse corto. Tenía esta creencia inquebrantable de que Dios tenía mucho más para ella.

Una de las primeras preguntas que me hizo fue, "¿Cuál es tu plan a cinco años?"

Yo respondí, "¿Que es un plan a cinco años?"

A lo que ella dijo: "¿Sabes, tus metas y sueños para el futuro?"

Me senté allí mirándola. Nunca había pensado más allá del próximo fin de semana. No supe que decir.

El único pensamiento que me vino a la cabeza fue: "¡Me gustaría tener un buen coche!"

Susan se sorprendió. No podía creer que yo nunca hubiera soñado con tener mi propio negocio o mi propia casa. ¡Todas las cosas que ella había deseado desde que tenía 10 años!

Susan me enseñó sobre finanzas. Ella siempre ha sido una ahorradora.

De hecho, cuando la conocí, estaba en su primera parada de una gira mundial que había planeado ahorrando su dinero de bolsillo de cuando era una niña pequeña. Pensó que necesitaba emprender esta gran aventura y luego comprar su primera casa en Nueva Zelanda. Y como comprar una casa sería un gasto importante y sabía que estaría encerrada y no haría nada más que trabajar, decidió irse de vacaciones a Australia primero.

Claro que, como peluquera calificada de 19 AÑOS de Nueva Zelanda, se cruzó con este gran tipo australiano que podía trabajar duro, pero no tenía planes para el futuro.

Dos años después, compramos juntos nuestra primera casa. Susan proporcionó la mayor parte del depósito y yo firmé conjuntamente porque en ese entonces se necesitaba un hombre para obtener una hipoteca. Yo solo tenía 18 años y era un aprendiz de tercer año en ese momento, pero ella podía ver la foto más amplia de lo que Dios estaba haciendo.

Viví en esa casita de ladrillos rojos en Nattai Street con un grupo de amigos durante los siguientes dos años hasta que finalmente nos casamos. En nuestro primer aniversario de bodas, descubrimos que Susan estaba embarazada.

La vida de repente se volvió muy dura. Me quedé atónito cuando me contó la noticia. Por primera vez en mi vida, me di cuenta de que era responsable de otra persona.

Jonathan nació y nos quedamos con un salario. Las tasas de interés en Australia alcanzaron un máximo histórico en 1987, alrededor del 18%. Tenía en mis manos la monumental tarea de mantener a mi familia. Hice lo que mi padre me enseñó a hacer: trabajar duro.

Durante los siguientes 10 años, me esforcé. Nunca he tenido miedo al trabajo.

¿Seis días a la semana? No hay problema.

¿Días de dieciocho horas? Andrew lo hace.

No me arrepiento de esos primeros días. Aprendí mucho sobre la fidelidad y el cumplimiento de mis promesas.

Cuando tenía 21 años, un profeta vino de visita a la iglesia de mi padre. Conocía a este hombre desde que era un niño y lo había escuchado predicar muchas veces antes, así que no esperaba lo que estaba a punto de suceder.

Habló sobre la congregación y procedió a profetizar sobre mí acerca del llamado para el ministerio que estaba sobre mi padre como pastor, mi abuelo también como pastor e incluso mi bisabuelo. Él profetizó que ese llamado para el ministerio era el mismo llamado para mí.

También profetizó que mi ministerio sería uno que no todos podrían hacer.

Decir que me sorprendió ese día sería quedarse corto.

Quiero decir, ciertamente sabía que no quería ser pastor. Entonces, no estaba de acuerdo con él sobre ese detalle. Pero, ¿cuál era ese otro ministerio?

¿No es el único ministerio ser un pastor? ¿Qué más podía querer decir? Estaba confundido. Lo puse en el fondo de mi mente olvidándome por completo de eso.

La siguiente fase de mi vida implicó trabajar a tiempo completo como fontanero para un jefe, también mi propio negocio de fontanería y un negocio de marketing multinivel.

Trabajo, trabajo, y más trabajo.

Es todo lo que hice.

Me rompe el corazón admitirlo, pero no tuvimos vacaciones familiares durante ocho años.

Durante esa etapa de la vida, me convertí en un hombre muy aburrido, cansado y deprimido. Todavía iba a la iglesia con mi familia. Todavía estaba cantando las canciones de alabanza y adoración. Pero estaba muerto por dentro.

Nunca olvidaré el día en que llegué a casa a las 5 de la tarde para ducharme rápidamente y cenar un poco, antes de regresar al trabajo, cuando Susan me dijo: "Sabes que soy madre soltera con tres niños, ¿no?"

En mi ignorancia y defensa dije: "Qué declaración más estúpida. ¡Por supuesto que no eres una madre soltera! ¡Estás casada conmigo!"

Ella respondió: "Eso no cambia el hecho de que soy una madre soltera con tres hijos."

Le ataqué directamente a ella, "Bueno, estoy aquí, ¿no?"

Y ella respondió: "Tú nunca estás aquí, Andrew. ¡Todo lo que haces es trabajar, trabajar, trabajar!"

Estaba encendido en ese momento y más allá de la ira dije: "Lo estoy haciendo por la familia."

"¿Qué familia?" Dijo Susan. "¡Andrew, algo tiene que cambiar!"

Salí furioso de casa, cerré la puerta, salté a mi camioneta y me fui. Solo llegué a unos pocos kilómetros por la carretera antes de tener que detenerme. Estaba llorando por lo que acababa de suceder. Lágrimas grandes y feas.

Estaba enfadado y molesto.

Aquí no es donde quería estar en la vida. Aquí, yo era un verdadero adicto al trabajo, en peligro de perder a mi familia.

No tenía ningún propósito. No tenía un verdadero "por qué" detrás de mis elecciones diarias. Me di cuenta de que solo mantenía económicamente a mi familia y no muy bien tampoco. Estaba trabajando mucho; Había perdido dónde encajaba en mi familia y cómo ser un esposo, padre y hombre de familia actual.

Mientras estaba sentado en mi camioneta junto a la carretera con lágrimas en mis mejillas, supe que necesitaba ayuda.

Di la vuelta con mi camioneta y conduje directamente de regreso a casa con Susan. Me disculpé por mis acciones y por la forma en que estaba viviendo. Ella sugirió que fuera a hablar con uno de los pastores de la iglesia.

Sabía que tenía razón, pero odiaba lo que me pedía que hiciera. Hasta ese momento de mi vida, pensaba que la consejería era para personas débiles. Entonces, me tragué mi orgullo y busqué ayuda.

Hablar con uno de nuestros pastores fue oro absoluto. Me señaló directamente a Jesús y me dijo que necesitaba pedirle dirección en mi vida y qué cambios específicos necesitaba hacer.

Entonces, diligentemente comencé a orar y buscar a Dios como nunca antes lo había hecho en mi vida.

Unas semanas más tarde, asistí a un campamento para hombres que estaba organizando mi iglesia, Hillsong Church. Fue allí donde mi pastor, Brian Houston, predicó un mensaje sobre la "Fe del Centurión" de Mateo 8:5-13.

Estaba sentado en la primera fila. No porque fuera especial. Porque estaba ansioso. Abierto y listo para aprender.

En ese momento, éramos la iglesia más grande de Australia, 14 años en nuestro viaje, con miles de miembros, y no teníamos un edificio.

Ahora, déjeme decirle algo sobre la Iglesia Hillsong. Los Pastores Brian y Bobbie Houston fueron pioneros en esta iglesia desde un salón de clases en 1983 hasta la próspera congregación global que es hoy. Pero nunca se trató de números.

Usaron todos los recursos que tenían para construir una comunidad. La riqueza de nuestra iglesia, lo diré una y otra vez a lo largo de este libro, son las PERSONAS.

Los edificios no se tratan de la última tecnología, de prestigio o de erigir monumentos a nosotros mismos; se trata de albergar la obra de Dios y facilitar el espacio para que las personas encuentren comunidad, compañerismo y, fundamentalmente, una relación con Jesús.

Usábamos todos los medios que teníamos para reunirnos y crecer (pasillos escolares y centros comunitarios) pero estábamos constantemente a merced de un propietario. Pasar horas de precioso tiempo voluntario entrando y saliendo de los lugares, y no construyendo para nuestro futuro.

Esto frustró muchísimo a un visionario como el pastor Brian. Nuestra iglesia estaba llena de gente fiel, cotidiana y trabajadora, no de millonarios ricos. La solución parecía imposible. Fue en esta temporada que Dios le dio al pastor Brian una palabra de que no se trataba de encontrar uno o dos individuos ricos para llevar la carga; se trataba de levantar a toda una generación de hombres y mujeres generosos que llevarían la visión a largo plazo, creyendo que Dios también quería bendecirlos para que fueran una bendición.

Fue entonces cuando Dios le habló un mensaje sobre la fe del Centurión. Y fue entonces cuando habló sobre nosotros en este campamento de hombres. Justo cuando estoy a punto de quebrar en mi propia vida.

Es una historia famosa.

Aquí está mi versión parafraseada: El Centurión se acerca a Jesús y le pide que sane a su sirviente. Jesús dijo: "Claro, vayamos a tu casa y curemos a tu sirviente."

El Centurión responde: "Espera, Jesús. En primer lugar, no soy digno de que vengas a mi casa. En segundo lugar, ni siquiera necesitas venir a mi casa. Solo di la palabra y mi sirviente sanará."

Y las Escrituras nos dicen que Jesús estaba asombrado

por la fe de este hombre.

El Centurión dice: "¿Fe? Esto no tiene nada que ver con la fe. Esto tiene que ver con la autoridad. Soy un hombre de autoridad. Y, en realidad, soy un hombre bajo autoridad. Le digo a este hombre: "Ve allá". Y él va allí. ¿No eres tú Jesús? Eres un hombre de autoridad. Entonces, solo di la palabra y mi sirviente sanará."

El pastor Brian señala en su mensaje que el Centurión tenía 100 hombres bajo su autoridad que harían lo que fuera necesario, no como robots, sino como participantes dispuestos a la causa de Roma.

El Pastor Brian luego dice: "Chicos, esto es asombroso. Como su pastor principal, he resuelto lo que necesito. Necesito 100 hombres que hagan todo lo que sea necesario por el bien del Reino, no como robots, sino como participantes dispuestos a la Causa de Cristo. Lo primero que le voy a pedir a este grupo es recaudar $ 1,000,000 por encima de los diezmos y ofrendas habituales."

Cuando escuché al Pastor Brian decir esas palabras, fue como un estallido, "Este soy yo", ¡mi corazón saltó fuera de mi pecho!

No tenía ni idea de cómo iba a recaudar el dinero. Sin embargo, caminé directamente hacia el Pastor Brian y, entre sollozos, le dije: "Estoy dentro".

Estoy seguro de que me miró y pensó: "Vaya, muy bien, Andrew. Esto será interesante". Porque en ese momento de mi viaje, mi vida estaba fuera de enfoque.

Reuní a algunos chicos alrededor del pastor Brian, oramos por él y así fue como comenzó Kingdom Builders.

Era 1996. Ese día fue fundamental en mi testimonio y en el testimonio de la Iglesia Hillsong.

Si sabes algo acerca de la iglesia y las finanzas, los diezmos y las ofrendas semanales regulares son los que mantienen las luces encendidas y, con suerte, pagan el salario del pastor. Son las ofrendas "adicionales", las que ayudan a la Iglesia a dar grandes saltos de fe, comprar edificios, iniciar campus satélites y difundir el Evangelio por todo el mundo.

En 1997, llegó la primera ofrenda de Kingdom Builders.

El primer año de Kingdom Builders, Dios nos dijo a Susan y a mí que escribiéramos un cheque por $ 5,000. Bien podría haber sido $ 5,000,000. En ese momento, tenía dos trabajos y dirigía otro negocio desde casa. Ese año, dejé el trabajo nocturno para estar con mi familia.

¿Y sabes qué? Escribimos ese cheque.

De alguna manera con menos, Dios nos bendijo con más.

Fue un paso de fe para nosotros como familia, pero Susan y yo sabíamos que esto es lo que Dios nos estaba llamando a hacer.

El primer año que dimos este paso de fe, hicimos cambios masivos en nuestras vidas. Fue aterrador, pero también tremendamente emocionante. Fue el primer año que no confié en Andrew. Fue increíble. Al final del año, teníamos estos $5,000 para depositar en el ofrendero.

Entonces, le dije a mi esposa: "Hagámoslo de nuevo."

Recuerdo claramente que también llevé a los niños de viaje. Les dije: "El año pasado, dimos $ 5,000. Este año, daremos $ 15,000."

En ese momento, conducíamos un automóvil de $ 10,000. Una de las cosas que había hecho para tener capacidad en mi vida fue vender mi bonito coche y comprar uno más barato. Fue bueno para mi ego y también lo hice porque necesitaba vivir con una convicción recientemente encontrada: la oportunidad llega a quienes se preparan.

Volví a poner tiempo en mi vida. Volví a poner capacidad en mi vida cuando se trataba de finanzas. Fue un gran trago para mi orgullo, pero pude escribir un cheque de $ 15,000.

Recuerdo que pensé muy claramente en el parking de la iglesia: "Esto da miedo de nuevo. Es exactamente la misma fe en dar $ 15,000 que el año pasado para dar $ 5,000."

Fue increíble.

Solo dos años después, escribimos un cheque por $ 80,000. Dos años después de eso, escribimos un cheque por $ 240,000. Esto me estaba volviendo loco.

Aquí estuve durante 10 años esclavizando mis tripas, confiando totalmente en Andrew, básicamente fracasando en todas las áreas de mi vida. Aquí estábamos, unos pocos años después, y lo único que habíamos hecho de manera diferente fue responder a esta pregunta: "¿Confiamos en Dios o no?"

Íbamos "con todo" o "con nada".

Aquí estábamos escribiendo un cheque de $ 240,000 solo unos años después.

¿Por qué?

Porque habíamos elegido ir "con todo" y creer las promesas de Dios.

Hasta el momento en que escribimos el cheque de $ 5,000, Susan y yo solo habíamos diezmado. Después de que decidimos cruzar la línea y dar con sacrificio, Dios abrió la tapa de nuestras vidas.

El cheque de $ 5,000 se usó para construir el primer edificio de Hillsong. Susan y yo estábamos en la sección de miembros llorones cuando se inauguró. Por la noche, se profetizó que en el futuro, Hillsong Church recibiría varios cheques de un millón de dólares.

Los australianos pueden emocionarse cuando lo necesitan y hubo una gran ovación. Y duró mucho tiempo. Sé que duró mucho tiempo, porque tuve toda una conversación con mi esposa durante la ovación.

Recuerdo haber dicho: "Eso es una locura."

Susan me dijo: "¿No sería maravilloso si la gente común en nuestra iglesia se levantara y diera eso, no solo los millonarios que se salvan?"

Recuerdo haber pensado para mí mismo: "Eso es ridículo. Eso está por encima de lo que se puede pedir, pensar o imaginar. Eso es realmente una locura."

Pero el Espíritu Santo habló a través de Susan esa noche. No creo que ella lo supiera. Ciertamente, no tenía ni idea de que dentro de ocho años, mi hermano Phillip, su esposa Melissa, Susan y yo juntos, escribiríamos ese cheque de $ 1,000,000 de nuestro negocio.

¿Daba miedo?

Totalmente.

¿Era excitante?

Increíblemente.

Pero no más aterrador o emocionante que cuando escribimos los $ 5,000. Porque era exactamente la misma fe.

Cuando mi hermano Phill y yo tuvimos ese cheque de $ 1,000,000, recuerdo haber dicho: "No dejemos esto en el recipiente de la ofrenda no se de el caso de que lo pierdan. Hagamos una reunión con el Pastor Brian."

Cuando se lo entregamos, me miró directamente a los ojos y me dijo: "Sabes, no voy a tratarte de manera diferente a cualquier otra persona."

Dije: "Bien. De hecho, no le digas a nadie quién ha dado esto porque en algún momento de este fin de semana, otra pareja va a dar $ 5,000 y se necesita exactamente la misma fe."

Y, cada año, seguimos dando pasos de fe. Los cheques de hoy tienen más ceros, pero es exactamente la misma fe que cuando dimos $ 5,000. La misma fe exactamente.

Durante los últimos seis años, Dios me ha llevado por todo el planeta para levantar personas que vayan "con todo". Kingdom Builders que financiarán la Causa de Cristo. Hombres y mujeres que voluntariamente se sacrificarán y darán para hacer avanzar el Reino.

Tal vez eres como yo solía ser en 1996. Perdido. Cansado. Buscando un propósito.

Me atrevería a decir que su propósito es ayudar a su iglesia local más allá de lo que incluso su pastor principal puede pedir, pensar o imaginar.

Susan y yo hemos tenido el privilegio de ser una bendición.

El mismo llamado y oportunidad son tuyos.

Esperamos que las siguientes páginas te ayuden a encontrar el valor para responder al llamado de financiar el Reino.

He dividido el libro en tres partes: Los Principios, Los Socios y La Práctica.

La primera sección te ayudará a comprender bíblicamente lo que significa ser un Kingdom Builder. La segunda sección te ayudará a comprender e identificar el equipo que necesitarás a tu alrededor para ser fiel. La sección final es una guía práctica que te ayudará a comenzar y continuar sin importar lo que suceda.

Como le digo a la gente de todo el mundo que me pregunta si Kingdom Builders es exclusivo:

Siempre respondo: "Sí, es exclusivo. Pero todos están invitados."

¿Elegirás ser un Kingdom Builder?

Yo espero que sí. No es fácil. Sin embargo, es increíblemente simple.

Solo requiere que te rindas.

Aquí tienes cómo...

PARTE PRIMERA

LOS PRINCIPIOS

¿EL MINISTERIO DE QUÉ?

Como dije en el capítulo inicial, no soy pastor.

Como dije en el capítulo inicial, no soy pastor.

Mi ministerio no es pastorear personas.

No estoy para liderar desde la plataforma en alabanza y adoración.

Mi ministerio es financiar el Reino.

Y es fácil para mí confiar en mi pastor y hacer mi parte.

Ambos hemos sido llamados al ministerio.

En 29 años siendo parte de la Iglesia Hillsong, nunca he estado en una reunión donde alguien no haya sido salvo. He estado por todo el mundo en todo tipo de reuniones y he visto el fruto.

Por eso, ahora no es difícil escribir un cheque. No es difícil dar con sacrificio.

No es difícil desafiar a otros a hacer lo mismo.

Dios simplemente me pide que sea el dador.

Dios me pide que se lo proporcione. No dar con ataduras. No ser quisquilloso con el destino del dinero. Pero dar fielmente y confiar en Él y en Su palabra.

Dios me pide que participe voluntariamente. No tengo nada que opinar. Tampoco tú.

Cuando hablo del ministerio de financiar el Reino, me refiero a participar activamente y dar a lo que hará que la Iglesia avance.

Una ofrenda por encima y más allá.

No solo los diezmos y las ofrendas normales, que mantienen las luces encendidas. Paga el salario del pastor. Eso es fácil. Son las donaciones superiores las que marcan la mayor diferencia en el Reino.

Me sorprende la cantidad de personas que no confían en Dios con sus finanzas.

La triste verdad es que la gente simplemente no diezma. Lo he visto una y otra vez en todo el mundo. La gente tiene demasiado miedo de devolver el 10% a Dios. Que es lo mínimo de lo que Él nos ha mandado hacer.

Esta falta de fe impide que la Iglesia dé gigantescos pasos de fe como abrir nuevos campus en toda la ciudad, y mucho menos en todo el mundo.

Ese es el dinero "por encima y más allá". La ofrenda sacrificial.

Como hombre de negocios, me gusta ver el impacto. No tengo que mirar más allá de mis propios hijos para ver el impacto de mis donaciones. Todo lo que hayamos dado a la iglesia, cada dólar, cada hora, cada sacrificio, ha valido la pena. Simplemente por el impacto que nuestra donación ha tenido en nuestra familia.

Vale la pena.

EL NÚCLEO DEL NÚCLEO

Tenemos la ofrenda de Corazón por la Casa (Heart for the House) en la Iglesia Hillsong. Es cuando la donación de Kingdom Builders culmina anualmente. Después de nuestra ofrenda de 2014, fui y hablé con el director financiero de Hillsong Church en Australia porque quería saber qué impacto estaba teniendo Kingdom Builders como porcentaje general de la ofrenda de Corazón por la Casa.

Tardó tres semanas en calcular el número; Supongo que porque tuvo que comprobar, comprobar y volver a comprobar los números. Cuando me llamó a su oficina, tenía a sus dos contables superiores en su oficina para respaldarlo.

Lo que encontró me impactó.

Lo realmente asombroso, y la mayor sorpresa, fue que el mayor porcentaje de esa ofrenda, el 70%, lo dio un grupo pequeño de personas, pero fieles y generosas: los Kingdom Builders. Personas que tuvieron una revelación de lo que la generosidad puede hacer en sus vidas y en la vida de los demás, cuando ellos mismos se convierten en el conducto para que fluya esa bendición.

Puede que estés leyendo esto y pienses: "No soy millonario".

Bueno, yo tampoco lo era cuando Susan y yo escribimos nuestro primer cheque. Es por eso que, el compromiso mínimo de dar para ser un Kingdom Builder, es de $ 5,000.

Verás, ser un Kingdom Builder no se trata de cuánto

das. Se trata de tu corazón. Dar en sacrificio más allá de los diezmos y ofrendas normales.

Siempre me preguntan lo mismo: "¿No es exclusivo ser Kingdom Builder?"

Y yo digo: "Absolutamente. Está abierto a todo el mundo". Es un poco como preguntar quién puede sostener el microfono en la plataforma durante la alabanza y la adoración un domingo. El equipo creativo está abierto a todos. Ven y sirve. Prueba tu valía. Y ni siquiera tienes que ser el mejor cantante para dirigir la adoración. Solo tienes que tener el mejor corazón.

Kingdom Builders es una condición de tu corazón.

Es un grupo de personas comprometidas que han decidido poner a Dios primero en cada área de sus vidas.

LA PARÁBOLA DE LOS TALENTOS

Jesús cuenta una historia en los Evangelios sobre el tipo de personas que busca para construir Su Reino. Cuando habla del Reino de Dios, Jesús dice:

> "El reino de los cielos será también como un hombre que, al emprender un viaje, llamó a sus siervos y les encargó sus bienes. A uno le dio cinco mil monedas de oro, a otro dos mil y a otro solo mil, a cada uno según su capacidad. Luego se fue de viaje. El que había recibido las cinco mil fue en seguida y negoció con ellas y ganó otras cinco mil. Así mismo, el que recibió dos mil ganó otras dos mil. Pero el que había

recibido mil fue, cavó un hoyo en la tierra y escondió el dinero de su señor.

Después de mucho tiempo volvió el señor de aquellos siervos y arregló cuentas con ellos. El que había recibido las cinco mil monedas llegó con las otras cinco mil. "Señor —dijo—, usted me encargó cinco mil monedas. Mire, he ganado otras cinco mil". Su señor le respondió: "¡Hiciste bien, siervo bueno y fiel! En lo poco has sido fiel; te pondré a cargo de mucho más. ¡Ven a compartir la felicidad de tu señor!" Llegó también el que recibió dos mil monedas. "Señor —informó—, usted me encargó dos mil monedas. Mire, he ganado otras dos mil". Su señor le respondió: "¡Hiciste bien, siervo bueno y fiel! Has sido fiel en lo poco; te pondré a cargo de mucho más. ¡Ven a compartir la felicidad de tu señor!"

Después llegó el que había recibido solo mil monedas. "Señor —explicó—, yo sabía que usted es un hombre duro, que cosecha donde no ha sembrado y recoge donde no ha esparcido. Así que tuve miedo, y fui y escondí su dinero en la tierra. Mire, aquí tiene lo que es suyo". Pero su señor le contestó: "¡Siervo malo y perezoso! ¿Así que sabías que cosecho donde no he sembrado y recojo donde no he esparcido? Pues debías haber depositado mi dinero en el banco, para que a mi regreso lo hubiera recibido con intereses.

"Quítenle las mil monedas y dénselas al que tiene las diez mil. Porque a todo el que tiene, se le dará más, y tendrá en abundancia. Al que no tiene se le quitará hasta lo que tiene. Y a ese siervo inútil échenlo afuera, a la oscuridad, donde habrá llanto y rechinar de dientes"

(Mateo 25:14-30)

Hay algunos principios claves que podemos extraer de este pasaje.

Para empezar, Jesús está buscando personas que estén dispuestas a "arriesgarse" financieramente. Creyentes que no tienen miedo de confiar en Él, en Su Palabra y tomar riesgos saludables por la Causa de Cristo.

También podemos ver en esta historia que Dios está buscando socios. Participantes dispuestos. Gente que buscaba un propósito como yo en 1996.

Demasiados cristianos son espectadores. Dios busca participantes activos.

Personas en las que puede confiar. Independientemente de la capacidad o los ingresos. Los primeros dos siervos invirtieron lo que se les había confiado, pero el tercero no creyó en las promesas de Dios.

No pases por alto este simple principio del Reino: cuando inviertes lo que Dios te da, crece. Cuando actúas de acuerdo con lo que Él te ha mandado hacer, Él bendice ese paso de fe.

Lamentablemente, también vemos lo que les sucede a quienes viven una vida de miedo como el tercer siervo.

Lo que tienes te lo quitan. Aún peor que eso, su falta de fe lo aleja de la comunidad genuina.

Eso es lo asombroso de Kingdom Builders. Es el núcleo del núcleo de la iglesia. Hay un núcleo en cualquier iglesia. Por lo general, el 25-30% está sirviendo activamente y quizás diezmando. Pero es el uno por ciento el que marca la diferencia.

Kingdom Builders que van "con todo".

En Estocolmo, Suecia, cuando ayudé a lanzar Kingdom Builders hace seis años, estaban a punto de perder su edificio. Cinco años después, ahora tienen seis campus y poseen dos propiedades.

¿Por qué?

El núcleo del núcleo, los Kingdom Builders, se intensificó.

Hoy, Kingdom Builders constituye casi el 10% de la congregación total. La iglesia de Estocolmo se ha convertido en el ejemplo del impacto que pueden tener Kingdom Builders..

¿ASÍ QUE QUIERES SER UN KINGDOM BUILDER?

He hablado mucho sobre finanzas en este capítulo inicial, pero déjame ser claro: ser un Kingdom Builder no se trata de dinero.

El primer requisito para ser un Kingdom Builder es la decisión de poner a Dios en primer lugar en todas las áreas de tu vida.

Sin dejar opción a volver atrás. Para sacudir la complacencia. Pasar por encima de la línea. Ir "con todo" con Dios. Un acto de fe sin mirar atrás que no es para los pusilánimes.

Se trata de confiar en todas las promesas de Dios. Y creer en cada una de las promesas de Dios es para ti.

¿Es fácil?

No.

¿Vale la pena?

¡Absolutamente!

El segundo requisito para ser un Kingdom Builder es creer en la visión de la iglesia. Independientemente de la iglesia de la que seas miembro, debes apoyar plenamente el futuro de tu comunidad de fe.

El tercer requisito para ser un Kingdom Builder es decir en tu corazón: "Pastor, le respaldo". Tienes que apoyar al líder de tu comunidad de fe. Tienes que luchar con él y por él.

No siempre he estado de acuerdo con mi pastor, pero siempre le he apoyado. Y sabe que puede contar conmigo.

En mi experiencia personal, lo que he visto en mi vida y en la vida de otros Kingdom Builders, es que el dinero fluye como consecuencia de los tres primeros requisitos de Kingdom Builder. Pero primero tienes que arreglar tu corazón.

Una vez estaba hablando en un evento de Kingdom Builders y un joven se me acercó al final de mi charla. Miré a este joven y estaba cubierto de tatuajes de la cabeza a los pies. Lo reconozco de One8oTC, un servicio de rehabilitación de drogas y alcohol; acababa de salir de la cárcel y se matriculó en el Bible College. Estaba cambiando su vida.

Se acercó a mí con una gran sonrisa en su rostro y recuerdo que pensé que iba a decir: "Sí, gracias, Andrew. Pero no puedo hacer esto".

En cambio, me dice: "Andrew, cuenta conmigo. Me he

dado cuenta de que si dejo el café, estoy a la mitad de los $5,000".

Le dije: "Amigo, esa es la respuesta correcta. Esa es la actitud correcta. No es por eso que no puedes hacerlo, pero es por eso que vas a poder hacerlo."

Cuando lo piensas, como ex adicto, ¡lo único que probablemente le quedaba al chico era el café! Y realmente, no creo que la mayoría de la gente esté dispuesta a dejar el café. Pero, estaba tan emocionado de renunciar a esta última fortaleza, de decir "sí" a algo más grande que él.

He aquí un hombre que se había salvado de mucho. Estaba destinado a la cárcel. A nadie le va bien cuando va a la cárcel. No salen mejor de ahí, salen peor. Pero tuvo la suerte de que el juez lo sentenció a ir a rehabilitación. Y, en rehabilitación, encontró a Jesús.

Hoy en día, es un hombre casado, sin deudas, un nuevo propietario, que sirve activamente y da.

Ese es el tipo de corazón que Dios está buscando. Ese es el corazón de un verdadero Kingdom Builder.

TODAS LAS COSAS

El pasaje principal que Dios ha usado en todo este viaje de Kingdom Builder está en el Evangelio de Mateo:

> Por eso les digo: No se preocupen por su vida, qué comerán o beberán; ni por su cuerpo, cómo se vestirán. ¿No tiene la vida más valor que la comida,

y el cuerpo más que la ropa? Fíjense en las aves del cielo: no siembran ni cosechan ni almacenan en graneros; sin embargo, el Padre celestial las alimenta. ¿No valen ustedes mucho más que ellas? ¿Quién de ustedes, por mucho que se preocupe, puede añadir una sola hora al curso de su vida?

¿Y por qué se preocupan por la ropa? Observen cómo crecen los lirios del campo. No trabajan ni hilan; sin embargo, les digo que ni siquiera Salomón, con todo su esplendor, se vestía como uno de ellos. Si así viste Dios a la hierba que hoy está en el campo y mañana es arrojada al horno, ¿no hará mucho más por ustedes, gente de poca fe? Así que no se preocupen diciendo: "¿Qué comeremos?" o "¿Qué beberemos?" o "¿Con qué nos vestiremos?" Los paganos andan tras todas estas cosas, pero el Padre celestial sabe que ustedes las necesitan. Más bien, busquen primeramente el reino de Dios y su justicia, y todas estas cosas les serán añadidas. Por lo tanto, no se angustien por el mañana, el cual tendrá sus propios afanes. Cada día tiene ya sus problemas.

(Mateo 6:25-34)

En el versículo 33, Jesús básicamente está diciendo: "Confía en Dios, y todas las cosas te serán dadas".

¿Qué son "todas estas cosas" en mi vida?

Como Kingdom Builder, debería tener el mejor matrimonio.

Como Kingdom Builder, debería tener la mejor relación con mis hijos.

Como Kingdom Builder, debería estar en forma y sano.

¿Por qué menciono estas tres cosas? Porque son parte de mi "todo".

¿Cuál es tu "todo"?

En los versículos que conducen al versículo 33, Jesús está hablando de las cosas que el mundo persigue. El mundo está enfocado en conseguir.

Dios está buscando personas que sepan en su corazón que esta vida se trata de dar.

Hay una promesa escondida aquí: cuando pones a Dios primero, todas las cosas te serán dadas. Pero primero tienes que buscarlo. No son cosas. Ni posesiones materiales. Ni riqueza.

Las buenas posesiones no tienen nada de malo. Me gustan las posesiones. Pero no es lo que estoy buscando.

Dios me enseñó que está bien tener cosas buenas, siempre y cuando las cosas no me atrapen a mí.

Y esa es la belleza de Kingdom Builders.

Sabemos que Dios nos respalda y está a nuestro favor. Podemos confiar en que Él es nuestro Todo.

VER A DIOS COMO MI TODO

Los primeros 10 años de mi carrera, perseguí la casa grande, los buenos coches, la vida a lo grande.

Y lo estaba haciendo al ponerme a mí primero.

Yo proveyendo todo ...

Yo trabajando hasta el agotamiento ...

Yo estresado ...

Yo. Yo. Yo. Yo. Yo.

No viendo a Dios como mi Fuente.

La gran revelación para mí fue cuando realmente puse a Dios primero, entonces todo sucedió realmente.

A lo largo de los años, he visto a Dios obrar de maneras que van más allá de cualquier cosa que pudiera pedir, pensar o imaginar. Solía pensar que Efesios 3:20 era el versículo más ridículo de la Biblia:

> Al que puede hacer muchísimo más que todo lo que podamos imaginarnos o pedir, por el poder que obra eficazmente en nosotros. No lo hace em-

pujándonos, sino trabajando dentro de nosotros, su Espíritu profunda y suavemente dentro de nosotros.

¿De Verdad? ¿Más allá de cualquier cosa que pudiera pedir, pensar o imaginar? ¿De verdad, Dios?

Hace veinticuatro años, ganaba $100,000 dólares, que era un gran salario en ese entonces. Me pagaban bien. Trabajé para la empresa de fontanería más grande de Australia, ejecutando proyectos realmente grandes con 50 fontaneros trabajando debajo de mí. Era un buen trabajador, pero pensar que alguna vez podría ganar $ 1,000,000 en un año ...

Bueno, eso es ridículo.

¿Pero dar $ 1,000,000?

Tienes que ganar mucho más de un millón para poder dar un millón.

Te digo que, a lo largo de los años, he visto a Dios proveer, proveer y proveer. Susan y yo hemos visto Efesios 3:20 continuamente en nuestras vidas.

Mira, el mundo está buscando lo único que puede hacer para desbloquear la bendición y la fortuna. Las bibliotecas y librerías están llenas de estos libros.

Y creo que como cristianos, lo tenemos.

Cuando pones a Dios en primer lugar, todo fluye como una consecuencia.

La oportunidad fluye.

Flujo de recursos.

Los cielos literalmente se derraman.

Malaquías 3:6-12 dice:

> Yo, el Señor, no cambio. Por eso ustedes, descendientes de Jacob, no han sido exterminados. Desde la época de sus antepasados se han apartado de mis preceptos y no los han guardado. Vuélvanse a mí, y yo me volveré a ustedes —dice el Señor Todopoderoso—.
> Pero ustedes replican: "¿En qué sentido tenemos que volvernos?"
> ¿Acaso roba el hombre a Dios? ¡Ustedes me están robando!
> Y todavía preguntan: "¿En qué te robamos?
> En los diezmos y en las ofrendas. Ustedes —la nación entera— están bajo gran maldición, pues es a mí a quien están robando.
> Traigan íntegro el diezmo para los fondos del templo, y así habrá alimento en mi casa. Pruébenme en esto —dice el Señor Todopoderoso—, y vean si no abro las compuertas del cielo y derramo sobre ustedes bendición hasta que sobreabunde. Exterminaré a la langosta, para que no arruine sus cultivos y las vides en los campos no pierdan su fruto —dice el Señor Todopoderoso—. Entonces todas las naciones los llamarán a ustedes dichosos, porque ustedes tendrán una nación encantadora —dice el Señor Todopoderoso—.

Es la única Escritura en toda la Biblia donde Dios nos pide que lo probemos.

Y Susan y yo lo hemos hecho. ¿Y sabes qué?

Siempre nos ha dado.

Una y otra vez, Dios ha derramado bendiciones sobre nosotros y nuestra familia.

REVELACIÓN

Para mí, la siguiente fase de mi viaje de Kingdom Builder comenzó cuando recibí el llamado de levantar a otros para financiar el Reino. El pastor Brian me pidió que fuera uno de los Ancianos de la iglesia. Realmente me desconcertó.

Pensé: "Dios mío, ¿qué quiere él que haga como Anciano?"

Así que lo llevé a desayunar, lo senté y le pregunté.

Dije: "¿Por qué quieres que me convierta en Anciano? ¿Qué quieres de mi?"

Él dijo: "No te he pedido que seas Anciano por lo que quiero que hagas. Te lo he pedido por lo que ya estás haciendo. Y por quien ya eres. Si no sabes qué es eso, le he preguntado a la persona equivocada".

Él fue así de directo.

Sabía quién era yo. Sabía la vocación de mi vida. Me tomó un poco de tiempo preguntarle a Dios cuál era mi siguiente paso.

Si hay alguna descripción de lo que es un Anciano en las Escrituras, es esta: supervisión espiritual.

Veo a Kingdom Builders como un asunto espiritual. Reunir a este grupo de personas que son el núcleo del núcleo para financiar y promover la Causa de Cristo.

Comencé a ver claramente mi papel como Anciano

dentro de la Iglesia Hillsong. Empecé mirando todos nuestros campus en todo el mundo. Me di cuenta de que teníamos estas grandes iglesias haciendo cosas increíbles, pero ninguna de ellas tenía Kingdom Builders. Y me pregunté en voz alta: "¿Qué les pasa a estos pastores? ¿Por qué no tienen Kingdom Builders?"

Las luces se encendieron en ese momento.

Dios me reveló que la razón por la que estas iglesias no tenían Kingdom Builders es porque todavía no les había llevado el mensaje. No lo había lanzado. Fue entonces cuando supe cuál era mi vocación y misión como Anciano.

Avance rápido y unos meses después, estoy en la Conferencia Hillsong. Es la semana más ocupada del año para el Pastor Brian. Treinta mil personas, todas queriendo un pedazo de su tiempo. Termino teniendo 30 minutos con él cara a cara con otro café.

Y le digo: "Creo que sé por qué nuestras iglesias aún no tienen Kingdom Builders".

Él responde: "¿Por qué no lo tienen todavía, Andrew?"

Digo: "Porque aún no he ido a lanzarlo. Creo que es mi papel".

¿Y sabes lo que dijo? "Creo que tienes razón. Ve a por ello."

Lo curioso es que el Pastor Brian me dijo algunos años más tarde que no creía que pudiera hacerlo. No sabía cómo lo iba a hacer. Yo tampoco. Pero sabía que podía ir a contar mi historia.

Y ese ha sido el catalizador.

SERENDIPIA ESTOCOLMO

Estoy hablando en el lanzamiento de Kingdom Builders en nuestro campus en Estocolmo. Hay una señora sentada en la primera fila que comienza a sollozar cuando empiezo a hablar de Mateo 6:33. Se levanta y sale de la habitación.

Después de la reunión, el pastor me dice: "Tengo un hombre clave, llamado Henry, a quien me gustaría que lo llevaras a cenar esta noche".

Así que me presenta al tipo y es el tipo que estaba sentado junto a la mujer que estaba bostezando.

Me digo a mi mismo: "Dios, ¿estás bromeando?"

Le digo: "Hola Henry, es un placer conocerte. ¿Quién es la mujer rubia que estaba sentada a tu lado en la reunión?

Él dice: "Es mi esposa".

Y yo digo: "Solo iré a cenar contigo si ella viene". Siempre creo que es vital hablar tanto con el esposo como con la esposa en estas situaciones.

Él dice: "Está bien".

En la cena, Henry dice: "Durante el mes previo al lanzamiento de Kingdom Builders, Dios nos había dicho que ayunáramos. Y, todos los días, durante los últimos 30 días, hemos leído Mateo 6:33. Entonces, cuando saliste con ese versículo, nos derrumbó".

Me miró a los ojos, "Cuenta con nosotros".

A lo largo de los años, ha sido, con mucho, mi protegido en Kingdom Builders. Ha volado por todo el mundo a sus expensas. Ha llevado mis maletas. Se ha sentado en cientos de encuentros individuales con parejas. Ha sido una esponja.

Solo este año, viajó conmigo a Amsterdam y le dije: "Está bien, amigo. Hablas esta noche. Los primeros 10 minutos son tuyos".

Él y su esposa fueron la primera pareja fuera de Australia en "conseguirlo".

VER A DIOS COMO TU TODO

Quizá estás leyendo esto y probablemente pensarás: "Esto es genial, Andrew. Qué gran historia. Pero Dios no está obrando así en mi vida".

¿No lo está haciendo? ¿Estás seguro? Quiero desafiarte a que tal vez aún no hayas cruzado esa línea para confiar en que Dios es tu todo. Quizás Él es tu "todo" menos una cosa, o dos cosas …

Elígelo para ser:

Tu fuente.

Tu todo.

Y, ¿sabes por qué Dios no se mueve ni trabaja así en tu vida?

Todavía estás intentando hacerlo por tu cuenta. Todavía estás tratando de resolverlo. Sigues luchando y haciéndolo con tus propias fuerzas.

Nunca te funcionará intentando hacerlo por ti mismo.

Pero requiere que te rindas. Lo cual es gracioso. Porque cuando alguien se rinde, suele levantar ambos brazos al aire. Al igual que cuando estás en adoración con ambas manos levantadas.

Y, cuando tienes ambas manos levantadas, no puedes agarrarte de nada. No puedes esforzarte ni luchar. No puedes captar las cosas de este mundo.

Simplemente tienes que confiar en Dios.

Permitirle ser tu Todo.

De eso se trata Kingdom Builders. Recuerda, es una decisión del corazón.

Adoración, por definición, significa literalmente "de mayor valor". Entonces, debes preguntarte: "¿Es Dios lo primero en mi vida? ¿Es Él de mayor valor?

La forma en que respondes a esa pregunta determina todo en tu vida. La adoración no se trata solo de cantar canciones y servir en la iglesia los domingos.

No.

Es una entrega total de todo por Todo.

Cuando Susan y yo cruzamos la línea y finalmente nos pusimos en el camino de Dios, todo cambió. Si nosotros podemos hacerlo, tú también puedes.

SIRVIENDO Y HABLANDO

Seguí sirviendo en la iglesia. En la Conferencia de Hillsong, mi trabajo consistía en llevar a los oradores invitados por la ciudad y sus hoteles. Fui escogido para conducir una pareja de Sudáfrica, los pastores André y Wilma Olivier.

Resulta que tienen una gran iglesia de varios campus en Sudáfrica.

La mayoría de las personas que se ofrecen como voluntarias para conducir para la Conferencia son estudiantes universitarios. Yo era mucho mayor, por supuesto, y cuando André y Wilma se subieron a mi auto, simplemente conectamos. Los conduje durante siete u ocho años cuando llegaron a Sydney para la Conferencia. Y, a lo largo de los años, nos hemos hecho amigos.

Un día, recibí un correo electrónico del asistente ejecutivo de André invitándome a ir a su iglesia y hablar en su fin de semana de Gifted Givers (Dadores con Dones). Prometieron cubrir mis gastos de viaje y alojamiento.

Me quedé impresionado. Así que llamé a André, "¿Hablas en serio?" Él dice: "Andrew, conozco tu historia. Tienes algo que compartir. Y quiero que mi gente lo escuche". Yo dije, "Oh, está bien. Vendré."

Le conté a Susan y me dijo: "Yo también voy". Así que le reservé un billete y fuimos.

Esta fue la primera vez que compartí mi historia como orador invitado. Estaba físicamente enfermo antes de la charla debido a mis nervios. Mi boca estaba tan seca. Debo haber bebido dos litros de agua mientras hablaba esos 40 minutos. Pero realmente impactó a estas personas. Tanto es así, que André me entrevistó el domingo durante los cinco servicios. No solo eso, nos llevó a Susan y a mí a un safari de tres días para agradecernos por hacer el viaje y compartir nuestra historia. Entonces Dios hizo algo que no podía creer. Me entregaron un donativo por compartir mi historia con su congregación.

Me quedé atónito.

¿Estás bromeando, Dios?

Hubiera venido por nada. Pero creo que Dios quería afirmar que estaba en el camino correcto. Cuando me entregaron el sobre, pregunté: "¿Qué es esto?"

Dijeron: "Es su donativo".

No me lo esperaba y pensé: "¡Esto es ridículo!"

Cuando vi lo impactadas que estaban las personas cuando compartí mi historia, me di cuenta, "Andrew, esto es lo que estás llamado a hacer. Eso es todo."

Y la gente no solo estaba echando humo. Dios se movía en sus vidas. Personas, como Susan y yo, estaban descubriendo el llamado a financiar el Reino.

Fue entonces cuando supe que este era ahora mi próximo paso. Dios me estaba diciendo que continuara dando, pero que dedicara la próxima temporada de mi vida a levantar a otros dadores en todo el planeta.

¿QUE PASA CONTIGO?

Seguí sirviendo en la iglesia. En la Conferencia de Hillsong, mi trabajo consistía en llevar a los oradores invitados por la ciudad y sus hoteles. Fui escogido para conducir una pareja de Sudáfrica, los pastores André y Wilma Olivier.

¿Qué estás poniendo antes de Dios?

¿Qué te está impidiendo ir "con todo" con Él? Sea lo que sea esa cosa ...

Tu Ego.

Tu carrera.

Cosas.

Lo que sea.

Nunca te satisfacerá.

Nunca.

Porque solo puede haber un verdadero Dios en tu vida.

NO SE TRATA DE DINERO

El problema número uno en la iglesia hoy son las finanzas.

Dentro del Cristianismo, el diablo ha hecho un gran trabajo creando confusión en torno a las finanzas.

¿Por qué?

Porque sabe la verdad.

Él sabe que si la Iglesia realmente comprende lo que tiene, entonces su trabajo se ha acabado.

Solo tienes que mirar lo que Hillsong Church ha hecho con el uno por ciento de la congregación.

¿Y si Kingdom Builders creciera hasta el 10% de los donantes de Hillsong? ¿Y si creciera al 20%? ¿Te imaginas cuántas vidas se cambiarían, se plantarían iglesias, se transformarían comunidades?

¿Puedes imaginar?

El dinero es el eje.

Recientemente, estaba hablando en una iglesia en Perth sobre Kingdom Builders. Estaba en mi última reunión personal con una pareja que había venido a escucharme hablar. Esa misma mañana, la esposa de la pareja con la que me estaba reuniendo tuvo que arrastrar a su esposo para escucharme hablar. Su mente explotó. Tanto es así, que fue él quien dijo: "¡Tenemos que reunirnos con este hombre!"

Nos sentamos y entonces comprendió. Hasta que no me escuchó hablar, había creído la mentira de que la iglesia solo quería su dinero. La iglesia no quiere tu dinero.

No.

La iglesia quiere que tu corazón esté alineado con Dios. Como consecuencia de eso, darás. Pero es una consecuencia de haber cambiado tu corazón.

Recuerda: Kingdom Builders es una convicción del corazón.

Sé que en cada sala en la que me levanto para hablar, voy a encontrarme con alguien como este esposo en Perth, que tiene una mentalidad incorrecta sobre el dinero. Y sé que Dios quiere que disipe la mentira que el diablo está esparciendo.

Quiero que el Espíritu Santo los golpee entre los ojos con la verdad.

Y la verdad es que cuando te das cuenta de lo bendecido que eres, no puedes evitar bendecir a los demás. No puedes evitar dar.

DE IR A IR "CON TODO"

Yo diría que el 99% de las personas que son Kingdom Builders ya están sirviendo en alguna parte de la iglesia. Ya están ahí.

Cuando comparto mi historia, solo estoy ayudando a moverte de "estar ahí" a ir "con todo".

Solía ser uno de los confundidos. Sin duda, serví. Sin duda, di mi diezmo. Pero nunca vi a Dios como mi única Fuente.

Dios dice: "¿Quieres levantar la mano?"

Él nos pregunta: "¿Qué tamaño de conducto quieres ser?" Piensa, el grifo de la bendición está al máximo. Somos nosotros quienes determinamos cuánta bendición de Dios se derrama en nuestra vida. Y este tipo de fe es un tipo de fe de "con todo".

El Evangelio de Marcos cuenta la historia de un encuentro que Jesús tiene con un joven rico que se le acerca queriendo conocer el secreto de la vida eterna:

> Cuando Jesús estaba ya para irse, un hombre llegó corriendo y se postró delante de él.
>
> —Maestro bueno —le preguntó—, ¿qué debo hacer para heredar la vida eterna?
>
> —¿Por qué me llamas bueno? —respondió Jesús—. Nadie es bueno sino solo Dios.
>
> Ya sabes los mandamientos: "No mates, no cometas adulterio, no robes, no presentes falso testimonio, no defraudes, honra a tu padre y a tu madre".

—Maestro —dijo el hombre—, todo eso lo he cumplido desde que era joven.

Jesús lo miró con amor y añadió:

—Una sola cosa te falta: anda, vende todo lo que tienes y dáselo a los pobres, y tendrás tesoro en el cielo. Luego ven y sígueme.

Al oír esto, el hombre se desanimó y se fue triste, porque tenía muchas riquezas.

Jesús miró alrededor y les comentó a sus discípulos:

—¡Qué difícil es para los ricos entrar en el reino de Dios!

Los discípulos se asombraron de sus palabras.

—Hijos, ¡qué difícil es entrar[b] en el reino de Dios! —repitió Jesús—. Le resulta más fácil a un camello pasar por el ojo de una aguja que a un rico entrar en el reino de Dios.

Los discípulos se asombraron aún más, y decían entre sí: «Entonces, ¿quién podrá salvarse?»

—Para los hombres es imposible —aclaró Jesús, mirándolos fijamente—, pero no para Dios; de hecho, para Dios todo es posible.

—¿Qué de nosotros, que lo hemos dejado todo y te hemos seguido? —comenzó a reclamarle Pedro.

—Les aseguro —respondió Jesús— que todo el que por mi causa y la del evangelio haya dejado casa, hermanos, hermanas, madre, padre, hijos o terrenos recibirá cien veces más ahora en este tiempo (casas, hermanos, hermanas, madres, hijos y terrenos, aunque con persecuciones); y en la edad venidera, la vida eterna. Pero muchos de los primeros serán últimos, y los últimos, primeros."

(Marcos 10:17-31)

Aquí está la dura verdad: ir "con todo" te va a costar.

Sin embargo, la promesa de Dios es que todo a lo que renuncies se multiplicará muchas veces.

Susan y yo lo hemos visto en nuestra propia vida.

Y he visto a Dios hacerlo innumerables veces en la vida de otros Kingdom Builders en todo el planeta.

Entonces, no seas como el joven rico que no pudo renunciar e ir con todo. En cambio, confía en Dios para que sea tu todo y observa lo que sucede.

LA VERDAD SOBRE LAS FINANZAS

Fue en 1996 cuando comenzó Kingdom Builders. La Iglesia Hillsong tenía 14 años y tenía un campus australiano. Sin embargo, Hillsong era mundialmente conocido, incluso en ese entonces, por nuestra música. Hoy, somos una iglesia global que tiene un impacto local en Nueva York, Los Ángeles, Londres, Estocolmo, Moscú, Barcelona, Buenos Aires y muchas otras ciudades de todo el planeta.

Mi creencia personal es que una de las principales razones de esto es Kingdom Builders.

La ofrenda por encima y más allá es de lo que se trata Kingdom Builders. Literalmente, es lo que ha marcado la diferencia al llevar a la Iglesia Hillsong a nivel mundial.

He aprendido que si no puedes ser generoso cuando tienes poco, nunca lo serás cuando tienes mucho.

He conocido a personas en todo el planeta que dicen:

"Cuando llegue a este nivel financiero, me convertiré en un Kingdom Builder".

Puedo asegurarte que, cuando llegan a ese nivel, no dan más.

¿Por qué?

Porque es una cantidad mucho mayor la que hay que dar.

La verdad sobre las finanzas es que no tiene límites. Pero mucha gente cree que los tiene. Entonces no viven una vida generosa.

Quizás ese eres tú.

Quizás no sepas la verdad sobre las finanzas.

Quizás no te das cuenta de que Dios tiene el grifo abierto al máximo. Y, Él está buscando personas que ya estén viviendo una vida generosa. Porque puede confiar en que continuarán dando proporcionalmente.

Probablemente no tengas mucho porque no se te puede confiar más.

Otra mentira que el diablo quiere que creas es que tienes que ser rico para dar.

Kingdom Builders no se trata de dar por igual; se trata de un sacrificio igual. No se trata de la cantidad del cheque que estás escribiendo; se trata del tamaño del sacrificio que estás haciendo. Una sola persona que está trabajando duro para mantener a su familia es tan capaz como el dueño de un gran negocio de emitir un cheque de sacrificio. Es un error verlo en cantidades monetarias.

Ese es el tipo de confusión que el diablo quiere crear en tu pensamiento.

Un sacrificio igual significa igualdad de condiciones. El número es irrelevante.

Dios te probará en lo pequeño y te permitirá ser fiel en lo pequeño. Él te probará con un poco más y te permitirá ser fiel en ese más. Y entonces, Él te probará con mucho y te permitirá ser fiel.

EL PLAN DEL DIABLO

El diablo odia verte triunfar. Él hará todo lo posible para distraerte, decepcionarte y limitarte.

Su objetivo final es matarte.

Con los cristianos, el diablo ha descubierto que es mucho más fácil simplemente limitarnos. Y la forma más fácil de hacerlo es con las finanzas.

Si no te estiras ...

Si no estás haciendo una diferencia ...

Si no está avanzando ...

Si no estás tomando pasos de fe ...

Entonces el diablo no necesita molestarte en tu pequeño y seguro mundo. En tu cómoda pequeña vida.

¿Puedo decirte cuál es el lugar más aterrador para un cristiano?

El lugar más aterrador para un cristiano es sentirse confortable.

Y créeme, lo sé. Puedo decir esto con confianza porque fui yo durante 31 años. Hasta que decidí quitarme la venda de los ojos.

No sé tú, pero no quiero que el diablo me limite. No quiero vivir una vida pequeña y segura. No quiero conformarme. No.

Quiero vivir una vida en la que Dios tenga que aparecer. Quiero recibir lo que me ha prometido. Quiero vivir una vida de ir "con todo" en el borde de mi asiento.

Las Escrituras nos enseñan que el diablo tiene un plan para robarnos, matarnos y destruirnos. Pero la buena noticia es que el plan de Dios es darnos una vida abundante, una vida rebosante de gracia y provisión (ver Juan 10:10). Es por eso que debes considerar qué plan estás viviendo hoy.

AVIVAMIENTO

La Iglesia en todo el mundo en este tiempo está experimentando un avivamiento.

Lo he visto con mis propios ojos.

La gente se está dando cuenta del plan de Dios para sus vidas. Sirviendo, dando y sacrificando para hacer avanzar el Reino.

Y tienes la oportunidad de ser parte del plan de Dios. Ser un Kingdom Builder.

Dios me ha enseñado que el avivamiento no se trata de reuniones. No se trata de actividades. No se trata de entusiasmar a la gente.

Dios me ha mostrado que el avivamiento se trata del corazón de un individuo. Y la forma más fácil de saber qué hay en el corazón de un hombre es mirar el fruto de su vida.

Jesús dice tres cosas acerca de aquellos que confían en Él; Sus verdaderos discípulos:

Los reconocerás porque obedecen Su enseñanza.

Los reconocerás porque se aman.

Y los reconocerás por el fruto de su vida.

El avivamiento se trata de que el corazón sea entregado, totalmente comprometido, totalmente transformado por la Fuente Verdadera.

¿Qué dice el fruto de tu vida sobre tu fe?

Recuerda: Kingdom Builders se trata del corazón. Se trata de vivir una vida generosa. Ser una bendición porque has sido bendecido. No se trata de finanzas.

Se trata de dar por encima y más allá. Dar con sacrificio.

Dar sin ataduras.

Cuando te aferres a este concepto y a la verdad, levantarás la mano. Te convertirás en un conducto más grande para la bendición de Dios y tu vida cambiará radicalmente.

La gente reconocerá claramente que algo ha cambiado en ti.

La palabra avivamiento significa literalmente "vivir de nuevo".

La gente verá la obediencia, el amor y el fruto en tu vida. Estarás completamente vivo una vez más. Lleno de Dios. Y tu vida estará marcada por la generosidad.

PRIORIDADES Y PLANIFICACIÓN

Mis prioridades cambiaron cuando Dios se apoderó de mi corazón.

El mayor arrepentimiento de mi vida es que extrañé los primeros años de mis hijos. Estaba trabajando con mi propia fuerza. Ignorando el hecho de que yo era esposo y padre primero.

Hoy, al seguir a Dios, la oración y la disciplina, no trabajo los lunes ni los miércoles. Los lunes los paso con Susan. Y los miércoles los pasamos con nuestro nieto, Dallas. No trabajo esos dos días. He elegido dedicarlos para la familia.

No volveré a cometer el mismo error. ¿Por qué?

Porque mis prioridades han cambiado. Todo lo que hago ahora es con propósito.

Y mi propósito es financiar el Reino.

Para hacer eso, y hacerlo bien, tengo que mantener mi vida en orden. Debo tener a Dios primero. Tengo que cuidar de mi familia. Tengo que tomar decisiones de acuerdo con quién digo que soy y lo que digo que creo.

Esto se ve diferente para cada persona y familia y todos estamos en diferentes etapas de la vida con diferentes circunstancias. Pero todos debemos establecer nuestras prioridades y planificar en consecuencia.

LAS CUATRO "D" DE LOS DENTON

Diario. Deliberado. Disciplinado. Decisiones.

Diario es cuando conoces tu propósito, cuando estás en la misión y son 24 horas al día, 7 días a la semana, 365 días al año.

No hay días libres.

Esta es tu única vida. Ahora todo lo que haces es quien eres.

No hay equilibrio entre trabajo y vida. Cuando vives con propósito, eres quien eres. No importa dónde te encuentres, estás viviendo cada día de forma completa y con un propósito.

¿Qué significa deliberado para mí?

Deliberado significa intencional. Deliberado significa que voy a ser proactivo, no reactivo. Deliberado significa que estoy ejecutando mi diario y no voy a dejar que nadie más lo haga. Deliberado significa que estoy planificando mi día, mi semana, mi mes, mi año y los próximos cinco años de mi vida.

Significa que no voy a dejar que me sucedan cosas. Pero, me estoy esforzando a propósito con Dios para crear una vida que le agrade y le honre.

Hablo de todas las facetas de mi vida. No solo mi negocio. Pero también mi familia y amistades. Estoy estructurando todo en torno a mi propósito.

Si no tengo un plan, la vida simplemente va a ir sucediendo y rebotando de un desastre a otro.

Lo que he descubierto a lo largo de los años es que hay muchas personas que son realmente buenas mapeando las cosas, pero se paralizan en el análisis. Se atascan en las cosas equivocadas.

No se trata del plan. Es la intención del plan lo que más importa.

Toma mi salud, por ejemplo. Odio el ejercicio. Pero lo hago. Elegí hacer ciclismo porque es bueno para mí de muchas maneras. Es camaradería y responsabilidad. Soy deliberado cuando se trata de hacer ejercicio con mis compañeros.

Ahora, si sabes algo sobre ciclismo, sabes que tienes que trazar tu recorrido, tienes que conocer tu frecuencia cardíaca y tienes que saber qué comer para tener suficientes calorías para quemar. Una vez que resuelvas todo eso, la disciplina comienza la noche anterior.

La noche anterior, tengo que revisar mi bicicleta para asegurarme de que es segura, que las baterías de mis luces están cargadas, que mis neumáticos están inflados, tengo que juntar todo mi equipo de bicicleta y tengo que asegurarme de que mi alarma esté programada para las cinco de la mañana.

Pero la verdadera disciplina es acostarse temprano.

El enfoque diario, deliberado y disciplinado funciona

en conjunto para que cuando suene mi alarma, pueda tomar una decisión. Una sabia decisión. Para levantarme de la cama, subirme a la bicicleta y montar.

Si no me hubiera preparado la noche anterior, no lograría mi objetivo de salud personal. Si me despierto por la mañana y no me he preparado la noche anterior y mi neumático está pinchado, ¿qué voy a hacer?

Volveré a la cama. ¿Por qué? Porque es demasiado difícil.

Pero cuando me levanto y todo está en su lugar, puedo ponerme la ropa rápidamente y salgo por la puerta; es fácil.

La lección para ti es esta: haz el trabajo necesario de antemano para vivir la vida a propósito sin excusas ni opciones para echarte atrás.

Las Cuatro "D" se tratan de tomar una decisión sabia, no estúpida.

La Biblia dice claramente que la sabiduría es la cosa principal y la sabiduría es más grande que la riqueza, así que en todo lo que obtengas, obtén sabiduría.

Hasta ahora en este libro, he compartido algo de mi sabiduría. Es mi sabiduría porque la he practicado. Pero, para que lo lea, ¡es solo conocimiento hasta que lo aplica! Ahí es donde entra en juego la disciplina. ¡La disciplina es la clave que convierte el conocimiento en sabiduría!

VACACIONES FAMILIARES

Aplico el mismo enfoque cuando se trata de planificar nuestras vacaciones familiares. Hace 24 años que tomé la decisión, después de trabajar incansablemente sin vacaciones durante ocho años, de no volver a acabar unas vacaciones sin reservar las siguientes vacaciones.

En ese momento me di cuenta de que los únicos recuerdos que realmente tenía con mi familia eran las vacaciones. De lunes a viernes era la rutina diaria. Hubo algunos recuerdos que brotaron como algunos cumpleaños y un aniversario aquí y allá. Pero, las vacaciones con mi familia son lo más importante para nosotros.

Susan y yo, todavía hoy, intentamos tomarnos unas vacaciones familiares juntos cuando podemos. Lo planificamos juntos y lo reservamos juntos.

¿Por qué?

Porque queremos vivir una vida deliberada.

La conclusión es la siguiente cuando se trata de estas Cuatro D: tienes una oportunidad en la vida. No la desperdicies.

Solía hacerlo. Ahora vivo a propósito.

DEBIDA DILIGENCIA

Jesús cuenta una historia en el Evangelio de Lucas acerca de calcular el coste de seguir a Jesús:

> Grandes multitudes seguían a Jesús, y él se volvió y les dijo: «Si alguno viene a mí y no sacrifica el amor[a] a su padre y a su madre, a su esposa y a sus hijos, a sus hermanos y a sus hermanas, y aun a su propia vida, no puede ser mi discípulo. Y el que no carga su cruz y me sigue, no puede ser mi discípulo.
>
> Supongamos que alguno de ustedes quiere construir una torre. ¿Acaso no se sienta primero a calcular el costo, para ver si tiene suficiente dinero para terminarla? Si echa los cimientos y no puede terminarla, todos los que la vean comenzarán a burlarse de él, y dirán: "Este hombre ya no pudo terminar lo que comenzó a construir".
>
> O supongamos que un rey está a punto de ir a la guerra contra otro rey. ¿Acaso no se sienta primero a calcular si con diez mil hombres puede enfrentarse al que viene contra él con veinte mil? Si no puede, enviará una delegación mientras el otro está todavía lejos, para pedir condiciones de paz. De la misma manera, cualquiera de ustedes que no renuncie a todos sus bienes, no puede ser mi discípulo."
>
> **(Lucas 14:25-33)**

Muchos cristianos creen que son dadores. Pero no lo son. Puede que seas uno de ellos.

Diezmar no te convierte en un dador.

Diezmar es simplemente devolverle a Dios lo que es de Dios.

Lo diré de nuevo: es el don del sacrificio "por encima y por encima" lo que te convierte en un dador.

El corazón de lo que Jesús está hablando es calcular el coste. Viviendo con disciplina. Viviendo con intención. Y tomar decisiones acertadas. Especialmente, financieramente.

Esto es primordial si quieres ser un Kingdom Builder.

Mi pastor, Brian, habla de dar peligrosamente, no dar estúpidamente. Hablamos de la debida diligencia en los negocios, donde seremos calculadores en nuestra toma de decisiones.

Cuando tomo una decisión empresarial, investigo. Hago el esfuerzo y trato de tomar una decisión bien informado. Una vez que tengo al menos el 75% de la información, me siento seguro para avanzar. Porque si espero hasta tener el 100%, es demasiado tarde. Habré perdido la oportunidad. Pero, en contraposición, tampoco tomo una decisión con sólo el 7,5% de la información; eso sería estúpido por mi parte.

La mayoría de los cristianos quieren esperar hasta tener el 100% de la información para tomar una decisión informada.

He visto a tantos cristianos bien intencionados a lo largo de los años tomar decisiones estúpidas. Personas que dicen: "Voy a dar $ 1,000,000 a la iglesia". Pero hacen $ 100,000 al año. Y eso es simplemente estúpido. Dios no honra la estupidez.

Dios honra la fidelidad.

Es por eso que le digo a la gente que se comprometa con el 75% y confíe en que Dios se presentará con el 25% final. No tomes una decisión creyendo que puede cubrir el 7.5% y esperar que Dios cubra el 92.5% final.

Eso no es fe. Es ignorancia.

SERVIMOS A UN DIOS DE CONFIANZA

Durante el periodo de ocho años desde que escribimos ese primer cheque de $ 5,000 hasta que escribimos uno de un millón de dólares, Dios apareció una y otra vez.

Por eso no puedes decirme que no servimos a un Dios digno de confianza.

Cuando Susan y yo decidimos confiar plenamente en Dios, "con todo", tuvimos que tomar algunas decisiones llenas de fe.

Dios me ha demostrado, durante 24 años, que es digno de confianza. Creo que solo vemos una pequeña parte del todo. Una y otra vez, Dios ha aparecido. No siempre sé cómo va a salir adelante.

Solía estar preocupado. Solía estar ansioso. Pero, ahora, estos años después, sé que Dios irá por delante. He tenido muchas circunstancias en las que las cosas parecían desastrosas y luego apareció Dios. Una y otra y otra vez.

Y, si Dios aparece en mi vida y en la vida de Susan, realmente creo que aparecerá en la tuya.

Pero tienes que dar pasos de fe. Tienes que ir "con todo" con Él.

No puedes intentar hacer las cosas con tus propias fuerzas. Por tu propio poder.

Hay un gran pasaje en el Antiguo Testamento, que resume todo lo que intento decir:

"Que no se gloríe el sabio de su sabiduría,
    ni el poderoso de su poder,
    ni el rico de su riqueza.
Si alguien ha de gloriarse,
    que se gloríe de conocerme
y de comprender que yo soy el Señor,
    que actúo en la tierra con amor,
con derecho y justicia,
    pues es lo que a mí me agrada
        —afirma el Señor—.
                    (Jeremías 9:23-24)

Este es el tipo de vida a la que Dios te está llamando si quieres ser un Kingdom Builder. Una vida en la que tu testimonio, tu única historia, se trata del hecho de que entiendes y conoces a Dios.

No es que seas más inteligente que los demás. No es que seas más fuerte que los demás.

No.

Lo único que cuenta es construir tu vida alrededor de tu relación con Dios y Sus promesas para ti.

Esa es la mentalidad de Kingdom Builder. ¿Se puede confiar en Dios?

¡Puedes apostar que puedes! Pero depende de ti tomar los pasos de fe diarios para conseguirlo.

Todas las relaciones saludables se basan en la confianza. Sin confianza, nada funciona. Esto es especialmente cierto en tu relación con Dios. Si confías en Él, te tomará la palabra.

Jesús lo dijo de esta manera:

> "Vengan a mí todos ustedes que están cansados y agobiados, y yo les daré descanso. Carguen con mi yugo y aprendan de mí, pues yo soy apacible y humilde de corazón, y encontrarán descanso para su alma. Porque mi yugo es suave y mi carga es liviana"
>
> **(Mateo 11:28-30)**

¿Qué está diciendo Jesús?

Que se puede confiar en Dios.

Que Él te tiene.

Que todo por lo que has estado trabajando tan duro, Él lo tiene bajo control.

Que Él sabe lo que realmente necesitas. Lo que realmente estás buscando. Y, la vida abundante que Él promete solo es posible caminando con Él.

No sé tu, pero esta es la vida que quiero. Es la vida que he descubierto yendo "con todo" como Kingdom Builder.

AVANZANDO HACIA ATRÁS

Uno de los mandatos de la Iglesia Hillsong es defender a la Iglesia local. Es una cosa del Reino. No es una cosa de Hillsong. Y me refiero a la gran Iglesia "C". Por eso, no pertenezco a ninguna otra iglesia.

Una cosa que Dios me ha mostrado desde el principio es que no he impulsado esto.

Nunca he pedido viajar a ninguna iglesia y, sin embargo, Dios me ha llevado literalmente por todo el planeta para compartir nuestra historia.

Sorprendentemente, mi agenda siempre está llena.

Mi trato con Dios es este: iré a donde cualquier pastor me pida que vaya. En cualquier lugar del mundo. Simplemente pido a las iglesias que visito que cubran mis costes. De vez en cuando recibo ofrendas, pero no es por eso que voy.

No me pagan por llevar el mensaje de Kingdom Builders al mundo.

Lo hago porque puedo hacerlo. Porque mi negocio está configurado de manera flexible, lo que permite que mi horario sea fluido. Estoy dando pasos de fe por lo que sé.

Podría ir a surfear y pasar los días jugando con mi nieto. Algunas personas me han dicho que me he ganado lo mismo. Pero sé en el fondo de mi corazón que sé demasiado.

He visto demasiado.

Creo que a quien se le da mucho, se le requiere mucho (ver Lucas 12:48). Y a este desertor de la escuela, este australiano de oficio, se le ha dado mucho. Entonces tengo mucho para dar.

Debido a que mi propósito es el Reino, tengo que ir a hacer esto.

No he dejado de escribir cheques.

No he dejado de servir.

No he dejado de trabajar en mi negocio.

Simplemente he hecho todo lo posible con Dios para hacer avanzar Su Reino.

LA IGLESIA QUE VEO

En 1993, mi pastor, Brian Houston, escribió estas palabras:

> La Iglesia que veo es una Iglesia de influencia. Una Iglesia tan grande que la ciudad y la nación no pueden ignorarla. Una Iglesia que crece tan rápido que los edificios no pueden contener el aumento.
>
> Veo una Iglesia cuya alabanza y adoración sinceras toca el cielo y cambia la tierra; adoración que

influye en las alabanzas de las personas en toda la tierra, exaltando a Cristo con poderosos cánticos de fe y esperanza.

Veo una Iglesia cuyos altares están constantemente llenos de pecadores arrepentidos que responden al llamado de Cristo a la salvación.

Sí, la Iglesia que veo depende tanto del Espíritu Santo que nada la detendrá ni se opondrá a ella; una Iglesia cuyo pueblo está unido, orando y lleno del Espíritu de Dios.

La Iglesia que veo tiene un mensaje tan claro que las vidas cambian para siempre y el potencial se realiza a través del poder de Su Palabra; un mensaje transmitido a los pueblos de la tierra a través de sus pantallas de televisión.

Veo una Iglesia tan compasiva que las personas pasan de situaciones imposibles a un círculo amoroso y amistoso de esperanza, donde se encuentran respuestas y se da aceptación.

Veo a un pueblo tan interesado en el Reino que asumirán cualquier costo y pagarán el precio que sea para ver un avivamiento arrasar esta tierra.

La Iglesia que veo es una Iglesia comprometida con levantar, capacitar y empoderar a una generación de liderazgo para cosechar la cosecha de los últimos tiempos que todos sus ministerios están consumidos con este objetivo.

Veo una Iglesia cuya cabeza es Jesús, cuya ayuda es el Espíritu Santo y cuyo enfoque es la Gran Comisión.

SÍ, LA IGLESIA QUE VEO PODRÍA SER NUESTRA IGLESIA - HILLSONG CHURCH.

De esto trata la misión de Kingdom Builders.

Defender la iglesia local, dirigida por pastores locales, cambiando vidas en las comunidades locales.

Verás, el Dios al que servimos es un fanático de los "más pequeños de estos" y los "que no tienen". Ha sido un Dios de los desvalidos a lo largo de la historia.

Desde Moisés hasta David, vemos el Reino de Dios avanzando hacia atrás en el Antiguo Testamento. Elegir a esta nación poco adecuada llamada Israel como Su pueblo. Fueron esclavizados, golpeados, divididos y deambulando por generaciones hasta que Dios mismo aparece en la paja de un pesebre.

El Salvador tan esperado nace de padres solteros en el lugar más improbable. El Rey de Reyes es el hijo de un trabajador como yo. Su padre, José, era carpintero. Su mamá era una adolescente. Y estaban huyendo de un rey loco.

Si las Escrituras nos enseñan algo, es que Dios hace lo inimaginable con las personas más inverosímiles.

La propia historia de Hillsong es una prueba de cómo obra Dios. Hace veintitrés años, éramos solo una iglesia con un edificio en los suburbios del oeste de Sydney. Literalmente, una pequeña comunidad de fe que la mayoría de la gente no puede encontrar en un mapa.

Hoy en día, estamos en más de 30 países, 120 lugares, con más de 300 servicios de adoración por fin de semana y creciendo cada año.

Y realmente creo que apenas estamos comenzando.

AVANZANDO EL REINO

En el Evangelio de Mateo, tenemos una mirada privilegiada de cómo Jesús describe el Reino de Dios:

> El reino de los cielos es como un tesoro escondido en un campo. Cuando un hombre lo descubrió, lo volvió a esconder, y lleno de alegría fue y vendió todo lo que tenía y compró ese campo.
>
> También se parece el reino de los cielos a un comerciante que andaba buscando perlas finas. Cuando encontró una de gran valor, fue y vendió todo lo que tenía y la compró.
>
> También se parece el reino de los cielos a una red echada al lago, que recoge peces de toda clase. Cuando se llena, los pescadores la sacan a la orilla, se sientan y recogen en canastas los peces buenos, y desechan los malos. Así será al fin del mundo. Vendrán los ángeles y apartarán de los justos a los malvados, y los arrojarán al horno encendido, donde habrá llanto y rechinar de dientes.
>
> —¿Han entendido todo esto? —les preguntó Jesús.
>
> —Sí —respondieron ellos.
>
> Entonces concluyó Jesús:
>
> —Todo maestro de la ley que ha sido instruido acerca del reino de los cielos es como el dueño de una casa, que de lo que tiene guardado saca tesoros nuevos y viejos.
>
> **(Mateo 13:44-52)**

Sí. Vale la pena vender todo por el Reino de Dios. Como el tesoro en el campo y la perla invalorable, cuando sus ojos se abren al propósito del Reino, nunca volverá a ser el mismo.

Pero si te fijas, Jesús usa la palabra escondido. Creo que es porque muy pocos cristianos se dan cuenta de que Jesús está hablando de lo que hay dentro de ellos. Creo que Dios ve potencial en los corazones de los hombres. Sé que lo vio en este australiano grande y feo antes de que yo pudiera verlo en mí.

Y creo que el Reino está oculto a plena vista hoy. Cuando tus ojos finalmente se abren como los míos, bueno, todo cambia.

Tu vida se pondrá patas arriba y al revés. Tendrás claridad sobre lo que significa vivir la "buena" vida.

También tendrás sabiduría para saber lo que necesitas y cómo ayudar a los demás. Esta es la Vida del Reino. Este es el propósito que buscaba hace 24 años.

Y nuestras vidas nunca han sido las mismas. Sin duda, ha sido difícil.

Pero ha valido la pena en cada paso del camino.

Y he aprendido que cada paso es un paso de fe.

La fe es la palabra espiritual para confianza. Y, cuando das un pequeño paso de fe, lo que estás declarando es que confías en Dios. Que Él es tu Fuente.

Con cada pequeño paso de fe, te alejas de intentar hacerlo con tus propias fuerzas y avanzas hacia el camino del Reino.

Entonces, da un paso de fe y sirve activamente en tu iglesia local.

Da un paso de fe y diezma.

Da un paso de fe y sacrifica tu tiempo y tus recursos.

Da un paso de fe y respalda a tu pastor.

Da un paso de fe y deja ir todo lo que pueda estar impidiéndote aferrarte a la vida a la que Dios te está llamando.

Pasa de "sólo" ir a ir "con todo".

Solo tienes esta vida. ¿Por qué desperdiciarla persiguiendo las cosas de este mundo? ¿Por qué desperdiciarla tratando de construir tu propio pequeño reino? ¿Por qué desperdiciarla persiguiendo las cosas que no duran?

Despierta.

Da media vuelta.

Y comienza a dirigirte en la dirección opuesta.

Eso es lo que quiero decir con avanzar hacia atrás.

EL AVANCE NO SIEMPRE TENDRÁ SENTIDO

Hay una historia en el Antiguo Testamento donde Israel está a punto de ir a la guerra (ver Jueces 7). Gedeón es el líder en ese momento y los combatientes bajo su mando ascienden a unos 32.000. Para demostrar lo poderoso que es, Dios le ordena a Gedeón que envíe a algunas de sus tropas a casa.

Entonces, Gedeón pide a 22.000 que regresen a casa.

Dios todavía no está satisfecho. Le ordena a Gedeón que pruebe los 10.000 restantes. Dios le dice que lleve a los hombres al agua. La mayoría de ellos (9.700) lamen el agua con la lengua, pero 300 tomaron el agua en sus manos para beber.

Dios le dice a Gedeón que solo se quede con los 300.

Ahora, un pequeño detalle que necesitas saber es que el enemigo de Israel eran los Madianitas. Su ejército contaba con 120.000.

Has leído bien. Incluso con la fuerza total inicial de guerreros de Gedeón, era un perdedor con probabilidades de 4:1.

Pero recuerda, nuestro Dios es un Dios de los desamparados. Puede hacer mucho más de lo que podemos imaginar.

Entonces, aquí lo vemos aumentar las probabilidades a 400: 1.

Las matemáticas simplemente no cuadran. Pero eso es lo asombroso de Dios. No necesita números.

No necesita probabilidades a su favor. No.

Busca personas preparadas para avanzar fielmente.

Incluso si parece imposible. Improbable. Y al revés.

Ese día, 300 de los hombres elegidos por Dios derrotaron a 120.000 enemigos.

Suena mucho a Kingdom Builders.

Dios también está buscando hacer lo imposible en tu vida. Él está esperando para ver si vas a ser una persona que Él pueda usar. Si estás listo para sacrificarte y dar un paso de fe.

Y uno después de otro.

Y, otro después de ese otro.

Me he dado cuenta de que la mayoría de los cristianos serán como los 31.700 que fueron enviados a casa. Pero, el núcleo del núcleo — los Kingdom Builders — harán avanzar sacrificadamente el Reino.

No sé tú, pero quiero ser alguien a quien Dios pueda usar. Quiero dar pequeños pasos de fe todos los días. Quiero ver a Dios hacer lo imposible en mi vida y en la vida de mis hijos.

No quiero huir de oportunidades y bendiciones.

Susan y yo queremos ser personas de fe que confían en Dios en las buenas y en las malas. Que hacen avanzar el Reino aunque parezca al revés.

Y sé que no siempre tendrá sentido. Pero por eso se llama fe.

Solía tener un vecino que siempre me gritaba cuando me veía: "Denton, quiero tu vida".

Este tipo no tenía idea del sacrificio y la angustia que Susan y yo habíamos pasado, pero creo que claramente podía ver algo diferente en nosotros. Creo que pudo ver la bendición de Dios en nuestras vidas.

Supongo que pudo ver el Reino escondido en nosotros.

PARTE SEGUNDA

LOS SOCIOS

MI ESPOSA

Mi esposa, Susan, ha sido la fuerza impulsora desde el primer día. Al principio de nuestro matrimonio, llevábamos un par de años en Kingdom Builders junto con una familia joven y queríamos intensificar nuestro compromiso de dar.

Recuerda, solo era un fontanero. Es todo lo que sabía hacer. No tenía otras calificaciones. ¿Qué más podíamos hacer?

Entonces, Susan y yo estábamos sentados alrededor de la mesa una noche y hablando sobre cómo podemos dar un paso al frente.

Y seguimos la cadena lógica de pensamiento...

El fontanero trabaja para el constructor. Y el constructor trabaja para el promotor. Entonces, ¿quién gana más dinero? El promotor.

Entonces dijimos: "Está bien. Vamos a hacer eso."

Susan preguntó: "¿A quién conocemos que sea promotor?"

Sucedió que había un hombre en la iglesia que compró un gran terreno y construyó un dúplex. Lo mencione y dije: "Lo llamaré la próxima semana y veré si puedo reunirme con él".

Inmediatamente, Susan respondió: "Llámalo ahora".

Respondí: "No puedo llamarle ahora. Sé que está cenando en la casa de otro miembro de la iglesia".

Susan dijo: "Bueno, está bien. Como vive al final de la calle, ve allí ahora y pregúntale".

Y dije: "No puedo ir a su casa ahora. Están cenando".

Susan respondió: "¿Quieres esto o no?".

Fuí hasta la casa de mi vecino, donde el promotor estaba cenando, y llamé a la puerta.

Mi vecino abrió la puerta y dijo: "Hola, Andrew. ¿Como puedo ayudarte?".

Y yo: "Bueno, en realidad estoy aquí para hablar con tu invitado". Y mi vecino me responde: "¿Sabe que vienes?"

Yo digo: "No".

Él dice: "¿Sabes que estamos cenando, verdad?" Y yo digo: "Sí. Solo será un minuto".

Me miró fijamente por un momento. "Bueno. Iré a buscarlo".

El promotor llega a la puerta y dice: "Hola, amigo. ¿Como puedo ayudarte?".

Le dije: "Escuche, Susan y yo queremos intensificar nuestras donaciones y queremos iniciarnos en la promoción de propiedades. Sé que lo haces un poco y me preguntaba si podría tomar un café contigo esta semana".

Piensa por un segundo y responde: "Hoy miré un proyecto. Es demasiado grande para mí. Y es demasiado grande para nosotros dos. ¿Conoces a una tercera persona?".

A regañadientes dije: "Sí".

Él dice: "Genial. Almorcemos mañana y trae a esa tercera persona. Voy a volver a entrar y terminar la cena ahora".

Yo digo: "Genial, gracias".

Me voy a casa y le cuento la conversación a Susan, explicándole que necesito encontrar una tercera persona.

Ella dice: "Phillip".

Yo digo, "Phillip, ¿quién?".

Susan responde: "Phillip, tu hermano".

Y vuelvo, "¿Qué hay de Phillip mi hermano?" Y ella dice: "Él es tu tercera persona".

Yo digo: "No va a estar interesado". Ella dice: "Pregúntale".

Phill tenía 26 años en ese momento. Ya era millonario. En su tercera casa como constructor. Muy exitoso. Vive en una casa enorme que se construyó él mismo. Todos pensaban que era un traficante de drogas porque su casa era muy grande y él era muy joven.

Entonces, voy a la casa de Phill y llamo a la puerta. Llega a la puerta y dice: "Oye hermano, ¿cómo puedo ayudarte?".

"Escucha, Susan y yo queremos involucrarnos en el desarrollo de propiedades para que podamos intensificar nuestras donaciones con Kingdom Builders. Esta noche fui y hablé con un promotor. Tiene un proyecto potencial que cree que es demasiado grande para dos personas, por lo que busca una tercera. Fui y le pregunté a Susan quién podría ser nuestra tercera persona y ella te sugirió".

Phill me mira y dice: "¿Qué? ¿Estás bromeando? Acabo de hablar con Melissa hoy y le dije que no podía mantener este ritmo trabajando tantas horas, día tras día. Que necesitaba estar en un negocio que tuviera más flexibilidad y que pudiera operar desde cualquier lugar".

Esa conversación fue hace 21 años. Hemos estado juntos en el negocio desde entonces. Andrew y Susan, y Phill y Melissa.

Entonces, el punto de toda esta historia es este: solo dimos un paso.

Un paso de fe.

Y fue mi esposa quien me animó a actuar. Afectuosamente lo llamo The Susan Factor (El Factor Susan).

A lo largo de las Escrituras, Dios nos dice que no es bueno que el hombre esté solo. Desde Génesis hasta Proverbios y los escritos de Pablo en el Nuevo Testamento, Dios habla del poder de una esposa piadosa.

Una y otra vez en nuestra vida juntos, Susan ha orado, trabajado y ha estado a mi lado en cada paso del camino.

Ella les enseñó a nuestros hijos a temer a Dios y vivir vidas generosas. Ella me animó a arriesgarme, crecer y dar.

Ella modeló el camino.

Proverbios 31: 10-31 habla del tipo de mujer que Dios usa para construir el Reino:

Mujer ejemplar, ¿dónde se hallará?
    ¡Es más valiosa que las piedras preciosas!
Su esposo confía plenamente en ella
    y no necesita de ganancias mal habidas.
Ella le es fuente de bien, no de mal,
    todos los días de su vida.
Anda en busca de lana y de lino,
    y gustosa trabaja con sus manos.
Es como los barcos mercantes,
    que traen de muy lejos su alimento.
Se levanta de madrugada,
    da de comer a su familia
    y asigna tareas a sus criadas.
Calcula el valor de un campo y lo compra;
    con sus ganancias planta un viñedo.
Decidida se ciñe la cintura
    y se apresta para el trabajo.
Se complace en la prosperidad de sus negocios,
    y no se apaga su lámpara en la noche.
Con una mano sostiene el huso
    y con la otra tuerce el hilo.
Tiende la mano al pobre,
    y con ella sostiene al necesitado.
Si nieva, no tiene que preocuparse de su familia,
    pues todos están bien abrigados.
Las colchas las cose ella misma,
    y se viste de púrpura y lino fino.
Su esposo es respetado en la comunidad;
    ocupa un puesto entre las autoridades del lugar.
Confecciona ropa de lino y la vende;
    provee cinturones a los comerciantes.
Se reviste de fuerza y dignidad,
    y afronta segura el porvenir.

Cuando habla, lo hace con sabiduría;
   cuando instruye, lo hace con amor.
Está atenta a la marcha de su hogar,
   y el pan que come no es fruto del ocio.
Sus hijos se levantan y la felicitan;
   también su esposo la alaba:
«Muchas mujeres han realizado proezas,
   pero tú las superas a todas».
Engañoso es el encanto y pasajera la belleza;
   la mujer que teme al Señor es digna de alabanza.
¡Sean reconocidos sus logros,
   y públicamente alabadas sus obras!

Esta es Susan. Ha sido enviada por Dios y mi mejor amiga desde que era adolescente. No puedo imaginar la vida sin ella.

Cuando tengo mis encuentros personales después de dar mi charla Kingdom Builders, siempre pido reunirme con parejas.

¿Por qué?

Por el "Factor Susan".

Sé que hay otros Andrew y Susan Dentons a quienes Dios ha llamado para financiar el Reino. Y, por lo general, es la esposa quien lo recibe primero.

LA VISIÓN DE SUSAN

Proverbios 29:18 dice:

> Donde no hay visión, el pueblo se extravía;
> ¡dichosos los que son obedientes a la ley!

Esto resumiría mi vida con Susan.
Sin más.
La visión es el poder de ver. Literalmente, es caminar con Dios. Escuchar de él. Y vivir en respuesta a Su voluntad para mi vida.
Susan hace esto.
Yo hago esto.
Y el resultado es que hemos tenido la bendición de ser una bendición.
Cuando conocí a Susan, ella podía ver en mí lo que yo no podía ver en mí. Le dije palabra por palabra: "Siempre que esté con las herramientas y no tenga que lidiar con la gente, soy feliz". Y ella pensó para sí misma: "Oh, cielos. Bueno, ese no es mi plan de vida. Pero veamos qué puede hacer Dios con este diamante en bruto".
Entonces, me presionó para que dijera que sí a un negocio de marketing multinivel. Si bien no tuvimos un gran éxito en el negocio, Susan sabía que yo acabaría mejorando ciertas habilidades comerciales, administrativas y para hablar en público.
Durante cinco años, estuve haciendo mi trabajo de fontanería durante el día, trabajando en mi propio negocio

de fontanería por la tarde y apresurándome en el negocio paralelo por la noche.

Fue muy duro.

Pero Susan pudo ver un camino a seguir para nosotros. Ella podía ver más allá de donde estábamos en ese momento hacia donde Dios nos estaba llamando. Se dio cuenta de que la única forma en que íbamos a salir adelante era dejar de intentar hacerlo por nuestra cuenta.

Susan estaba lista para el éxito. Y yo también.

Fue por este tiempo, cuando comencé a ver lo que Dios le estaba mostrando todo el tiempo. Detuve el ajetreo añadido, me humillé y me uní a lo que Dios nos estaba llamando.

Ese año, comenzó Kingdom Builders.

CON EL MISMO YUGO

En Génesis, vemos que no es bueno que el hombre esté solo. Dios le da a Adán, Eva.

Bueno, Dios le dio a Andrew, Susan.

Y déjame decirte, Dios sabía que necesitaba a alguien que me empujara, me animara, me amara y caminara a mi lado. Alguien que no me dejaría conformarme. Alguien que fuera tan terco como yo.

He aprendido que la vida no funciona sin un igual. Un socio. Un colaborador.

Una y otra vez en nuestra vida juntos, Dios nos ha hablado a Susan ya mí. Y, una y otra vez, hemos estado en la misma página. Una y otra vez hemos dado, servido, adorado y sembrado juntos.

El apóstol Pablo escribe sobre tener un socio igualitario:

> No formen yugo con los incrédulos. ¿Qué tienen en común la justicia y la maldad? ¿O qué comunión puede tener la luz con la oscuridad? ¿Qué armonía tiene Cristo con el diablo? ¿Qué tiene en común un creyente con un incrédulo? ¿En qué concuerdan el templo de Dios y los ídolos? Porque nosotros somos templo del Dios viviente. Como él ha dicho: «Viviré con ellos y caminaré entre ellos. Yo seré su Dios, y ellos serán mi pueblo».
> **(2 Corintios 6:14-16)**

Susan me describiría como leal, trabajador y buen amigo. Yo la describiría como generosa, piadosa e intuitiva.

Esta es tanto su historia como la mía. Realmente, es la historia de nosotros trabajando juntos para dar pasos de fe. Estamos en el mismo equipo. Tenemos la misma visión.

Sí, la vida ha sido un desafío.

Sí, la vida no siempre ha funcionado como queríamos.

Sí, nos sentimos frustrados.

Pero también hemos confiado en Dios.

Y el uno en el otro.

LOS HIJOS DE MIS HIJOS

Estas son solo algunas de las promesas de Dios una y otra vez en las Escrituras acerca de cuidar a los hijos de los fieles:

> El Señor tu Dios quitará lo pagano que haya en tu corazón y en el de tus descendientes, para que lo ames con todo tu corazón y con toda tu alma, y así tengas vida. Además, el Señor tu Dios hará que todas estas maldiciones caigan sobre tus enemigos, los cuales te odian y persiguen.
> **(Deuteronomio 30:6-7)**

> ¿Puede una madre olvidar a su niño de pecho,
>   y dejar de amar al hijo que ha dado a luz?
> Aun cuando ella lo olvidara,
>   ¡yo no te olvidaré!
> **(Isaías 49:15)**

El Señor mismo instruirá a todos tus hijos, y
grande será su bienestar.
(Isaías 54:13 NIV)

Así dice el Señor:
«Reprime tu llanto,
   las lágrimas de tus ojos,
pues tus obras tendrán su recompensa:
   tus hijos volverán del país enemigo —afirma el Señor—.
Se vislumbra esperanza en tu futuro:
   tus hijos volverán a su patria —afirma el Señor—.
(Jeremías 31:16-17)

Hijo mío, no te olvides de mis enseñanzas;
más bien, guarda en tu corazón mis mandamientos.
Porque prolongarán tu vida muchos años
   y te traerán prosperidad.
(Proverbios 3:1-2 NIV)

Instruye al niño en el camino correcto,
   y aun en su vejez no lo abandonará.
(Proverbios 22:6)

Prestan siempre con generosidad;
   sus hijos son una bendición.
Apártate del mal y haz el bien,
   y siempre tendrás dónde vivir.
(Salmos 37:26-27)

Pueblo mío, atiende a mi enseñanza;
   presta oído a las palabras de mi boca.
Mis labios pronunciarán parábolas

> y evocarán misterios de antaño,
> cosas que hemos oído y conocido,
> y que nuestros padres nos han contado.
> No las esconderemos de sus descendientes;
> hablaremos a la generación venidera
> del poder del Señor, de sus proezas,
> y de las maravillas que ha realizado.
>
> **(Salmos 78:1-4)**

Los eruditos religiosos estiman que hay cerca de 3.000 promesas de Dios en la Biblia. No sé tú, pero creo que son buenas noticias.

Significa que se puede confiar en Dios.

Que quiere bendecirnos.

Susan y yo lo hemos visto una y otra vez en la vida de nuestros hijos. Lo hemos visto en la bendición de dos nueras piadosas y nuestro yerno.

E incluso lo estamos viendo ahora en la vida de nuestros nietos.

Paso todos los miércoles en casa con Dallas. Me refiero a que todos los miércoles lo pasa con papá. No tenía idea de lo que me perdí cuando mis hijos eran pequeños. Todas las horas que dediqué a intentar crear una vida, perdiéndome la vida real. Y me he comprometido a no volver a cometer el mismo error. Ni siquiera puedo empezar a decirte la bendición que son los nietos.

LOS DENTON

Si ha pasado algún tiempo en el campus principal de Hillsong en Sydney, seguramente habrás visto a parte de mi familia. Hay muchos de nosotros. Mi padre era pastor en el personal de la iglesia, todos los hijos estamos involucrados y ahora también lo están los hijos de nuestros hijos.

Veamos a nuestros tres hijos fruto de nuestro matrimonio...

Jono se casó con una estadounidense, Kmy. Es una texana temerosa de Dios de principio a fin. Ella vino para el Hillsong Bible College y Jono la persiguió como loco. Te diría que le dijo "sí" a Jono por nuestra familia. En el momento en que entró en nuestra casa, se sintió como en casa. Y, a pesar de que realmente le gustaba Jono, Kmy dice que fue la familia la que la ayudó a cruzar la línea para comenzar a salir con él.

Elisabetta entró, en principio, en nuestra familia como amiga de Anna. Se mudó, regresó y luego se enamoró de nuestro segundo hijo, Mitch. Se sintió atraída por lo trabajadores y fieles que eran nuestros hijos, especialmente Mitch. Y ha sido un regalo muy especial para toda nuestra familia desde que se juntaron.

Luego está Ehsan, el marido de Anna. Como la mayoría de los padres se sienten, ningún hombre sería lo suficientemente bueno para mi princesa. Pero, Ehsan se está acercando. Está aprendiendo. Conocí a este joven a través de un evento de Kingdom Builders. Trabajó un poco conmigo en la casa. Resultó que él se había fijado en Anna y ella se había fijado en él, pero tenía demasiado miedo de pedir su número. Entonces, se lo di. Y no ha desperdiciado la oportunidad.

Pregúnta a cualquiera de nuestros hijos o sus cónyuges y le dirán que los Dentons somos conocidos por nuestro compromiso con la iglesia y lo unidos que estamos como familia.

Siempre hemos tratado de inculcar un frente unido para nuestros hijos.

Los amamos a través de la disciplina. Y hemos hecho de la familia una prioridad en todo lo que hacemos ...

Almuerzos dominicales. Vacaciones familiares.

Y estamos en la vida del otro en las buenas y en las malas. Los altibajos. Cumpleaños, aniversarios y pequeñas celebraciones de todo tipo.

No somos perfectos. No pretendemos serlo. Pero somos amables. Somos generosos. Nos perdonamos.

Y somos familia.

BENDECIDOS PARA BENDECIR

Cuando nuestros hijos eran pequeños, Susan y yo oramos por ellos y le pedíamos a Dios que los hiciera, "La cabeza y no la cola. Para ser bendecidos, para que puedan ser una bendición. Sean amables y generosos" (ver Deuteronomio 28:13).

Queríamos enseñar a nuestros hijos a trabajar duro,

para que pudieran tener los recursos para ayudar a otros. Provenir de un lugar de abundancia, no de un lugar de escasez.

Les enseñamos a cuidar lo que tenían para que eventualmente pudieran cuidar de los demás. Ser prudente con sus recursos. Y, para salvar.

Cuanto mayor sea su capacidad, mayor será la bendición. Una lección simple, pero que queríamos modelar en la forma en que vivíamos.

Una de las cosas que hicimos por ellos, y que todavía hacemos hasta el día de hoy, es tener una política de puertas abiertas en nuestra casa. Sus amigos siempre son bienvenidos en nuestra casa.

Queremos hacer espacio para los necesitados.

Queremos que nuestro hogar sea un refugio.

Queremos vivir una vida generosa.

Queremos poder acoger personas.

Queremos bendecir a los demás.

Y nuestros hijos han aprendido a hacer lo mismo.

Dios le hace una promesa a Abraham. Básicamente dice: "Voy a reescribir la historia a través de los hijos de tus hijos" (ver Génesis 12).

Dios va a bendecir generación tras generación de los hijos de Abraham.

¿Por qué?

Por Quién es Dios. Está en Su naturaleza. Es lo que Él hace.

Y por la fe de Abraham.

Creo que la mayoría de los cristianos viven vidas pequeñas. Nunca arriesgan o creen en una vida más grande. Nunca esperando ni orando por generaciones y generaciones de sus descendientes para conocer y confiar en Dios.

Solía tener tan poca fe. La fe se trata de capacidad. Se trata de cuánto se puede confiar en ti. Cuánto puedes ser bendecido.

Susan y yo descubrimos que Dios nos pone a prueba.

Él te dará un poco y verá cómo lo usas. Entonces te dará un poco más.

Y luego un poco más.

Antes de que te des cuenta, Él te bendecirá más allá de cualquier cosa que puedas pedir, pensar o imaginar. Lo ha hecho una y otra vez en nuestra vida y en la vida de nuestros hijos.

¿Por qué?

Porque fuimos fieles. Porque confiamos en sus promesas. Porque vamos "con todo" con Él. Porque vivimos con propósito.

Creo que Dios está buscando hombres y mujeres que den un pequeño paso de fe.

¿Quién se negará a perseguir soluciones rápidas y gratificación instantánea?

Quién dejará de intentar "lograrlo".

Y, en cambio, confiar en Aquel que hizo todo. Dios quiere bendecirte.

Realmente lo hace.

NUNCA ES DEMASIADO TARDE

Jesús cuenta una historia en los Evangelios sobre un granjero rico que tenía dos hijos (ver Lucas 15:11-22). Un hijo era sumiso, obediente, siempre disponible y dispuesto a ayudar a su padre. El otro hijo era un poco salvaje. Un rebelde.

El hijo menor llega a su padre y le pide su herencia. El padre no discute. Le da lo que pide y el hijo sigue su camino alegre. Jesús nos dice que el hijo lo disfruta. Desperdicia lo que le han dado en prostitutas, bebida y una vida salvaje.

Hasta que llega al final del camino y no tiene a dónde ir más que a casa.

Así que regresa con su padre, quien lo ve venir. El padre hace algo asombroso; da la bienvenida al hijo a casa con los brazos abiertos y organiza una fiesta para el hijo pródigo.

Bueno, el hermano mayor se entera de lo que está pasando y coge un berrinche. Él se niega a entrar, por lo que el padre también se acerca a él y le asegura su lugar y su gracia.

Como la mayoría de las parábolas de Jesús, hay una capa tras otra de significado en esta famosa historia.

Dios es un Padre generoso que está listo para bendecirlos.

Dios no tiene favoritos y está listo para perdonarte sin importar cuánto de tu vida hayas desperdiciado.

Y Dios se preocupa por tu corazón. El hijo mayor tenía

un corazón celoso. El hijo menor tenía un corazón rebelde. Dios busca corazones abiertos.

Recuerda: Kingdom Builders es una decisión del corazón.

Se trata de entrega, humildad, capacidad de enseñanza y confianza. Soy un padre con tres hijos y tres hijas. Afortunadamente, ninguno de mis hijos o sus cónyuges se han rebelado contra mí o contra Dios.

Pero déjame decirte que los amaría igual. Y confiaría en que volvieran como el hijo pródigo.

Así que, si estás leyendo esto y piensas que estás demasiado lejos para que Dios te use, bueno, estás equivocado.

Dios está en el negocio de la restauración. Él cambiará tu vida y la pondrá patas arriba. Pero Él está esperando a que despiertes. Para dejar de bendecirte poco. Para que dejes de desperdiciar la bendición.

No tienes que cargar con una maldición generacional para el futuro. Puedes romperla.

Todo lo que se necesita es un pequeño paso de fe.

Todo lo que tienes que hacer es volver al sentido común, como el hijo pródigo y regresar a casa.

Tu Padre Celestial está esperando. Dispuesto. Y listo para venir corriendo para que Él pueda bendecirte.

Y hacerte una bendición. Pregúntale a mis hijos.

MI PASTOR

Mi pastor no es perfecto.

En realidad, ni siquiera está cerca. Para empezar, es un Kiwi. Pero no lo reprocho. Me casé con una Kiwi, así que me gustan bastante los neozelandeses.

Una cosa que sí es, sin duda, es visionario.

Las Escrituras nos dicen en Proverbios 29 que sin visión, el pueblo perece (véase el versículo 18). Lo que me dice que lo contrario es cierto.

Ya a principios de los noventa, Dios le dio una imagen del futuro. Una visión.

Específicamente, una iglesia local con alcance global. Un movimiento con mentalidad de Reino por la Causa de Cristo. Una red de iglesias en todo el planeta que estaban en las principales ciudades de influencia impactando a millones por el Evangelio.

Lo que comenzó como un puñado de cristianos reunidos en el auditorio de una escuela en los suburbios del noroeste de Sydney ahora ha crecido a más de 150,000 personas que adoran juntas en todos los continentes. Una casa, muchas habitaciones.

La Iglesia Hillsong es una familia global.

Pero mi pastor es local. Lo conozco por su nombre. Él me conoce. Y confío en él.

¿Por qué?

Porque como ya dije, puedo ver el fruto de su vida y ministerio.

Kingdom Builders es una extensión del corazón de los Pastores Brian y Bobbie por las naciones. Ver iglesias apostólicas significativas en las comunidades locales que no pueden ser ignoradas por las contribuciones significativas que están haciendo.

Una de las principales razones por las que Hillsong se ha globalizado es que un puñado de Kingdom Builders captó la visión de mi pastor. Y pudimos venir desde una posición de fortaleza para hacer realidad esa visión.

La mayoría de los pastores carecen de la visión del Pastor Brian.

Realmente creo que el Pastor Brian es un líder único en la vida. Es su corazón y el llamado de Dios lo que ha levantado a un grupo de Kingdom Builders. Llevo más de 24 años junto a él.

Yo confío en él.

Y yo le cubro la espalda.

El Pastor Brian nunca me ha pedido a mí ni a ningún Kingdom Builder que hagamos algo que él mismo no esté preparado para hacer. Él mismo ha sido un Kingdom Builder desde el día. Y, lo sé, ha habido momentos en la vida de Kingdom Builders en los que ha sido el mayor dador del grupo.

Es un alma generosa. Ha habido innumerables ocasiones en las que he tenido que pelear con él por la factura de la cena. Y es su dinero, no la iglesia quien paga.

Uno de los mantras personales del pastor Brian es: "El gasto es estacional. La generosidad es un estilo de vida". Él y Bobbie viven esto.

LOS INOFENDIBLES

El Pastor Brian apoya plenamente a Kingdom Builders. Pero él no nos trata de manera diferente. Hace tiempo para nosotros. Nos honra.

Tenemos un retiro anual como Kingdom Builders. Es la única vez que el Pastor Brian hace algo especial con nosotros como grupo. Pasa todo el fin de semana con nosotros. Y nosotros nos dividimos al resto de los campus el domingo.

Por lo general, comparte un poco sobre nosotros, pero no es una gran charla, solo un simple nombramiento de que somos un grupo pequeño que cree que nuestro propósito es financiar el Reino.

Lo que crea un poco de curiosidad entre el resto de la iglesia.

Nosotros somos el núcleo del núcleo.

Somos el grupo que se ha pasado de la raya y ha pasado de "ir" a ir "con todo".

Me gusta llamarnos los "Inofendibles".

No importa lo que pase, cubrimos la espalda del Pastor Brian.

Esto no significa que siempre me guste lo que dice el Pastor Brian. Un domingo, el Pastor Brian, predicó un sermón titulado "En cuanto a Mí y Mi Casa, Servimos al Señor". Yo estoy tomando notas con mi Biblia abierta. De repente, le dice a toda la congregación: "¿Quieres ver un ejemplo de En cuanto a Mí y Mi Casa, Servimos al Señor?" Se vuelve y señala donde estamos sentados Susan y yo, y continúa: "Andrew y Susan Denton están ahí. Solo míralos". Se baja del escenario.

Entonces tiene la audacia de enviarme un mensaje de texto: "Qué bonito todo lo que te he dicho esta mañana".

Le devuelvo el mensaje de texto: "¿Bonito? ¡En menudo lío me has metido, tío! Ya no le voy a poder enseñar el dedo a nadie en el aparcamiento. Todo el mundo va a estar observándome ahora".

Sin embargo, así es el Pastor Brian. Él ya tenía claro de que yo era uno de los "Inofendibles".

Pero también me impactó. Todos ya me estaban mirando.

Querían ver si yo era real.

Susan y yo lo somos.

Y aunque venga viento y marea, nosotros cubrimos la espalda al Pastor Brian.

REYES Y SACERDOTES

Al Pastor Brian le encanta ayudar a la gente. Le encanta ver a las personas vivir a la altura de su potencial. Y, en última instancia, está comprometido a hacer todo lo posible para llegar a las personas y conectarlas con Jesús.

Cree en milagros. Lidera desde la primera línea.

Viaja, habla y escribe todo por la Causa de Cristo.

Su papel es amplio y global hoy. Pero su misión no ha cambiado durante los 37 años que ha sido pastor de Hillsong. Es la misión de Kingdom Builders.

Desde Ucrania hasta España, desde América del Norte hasta Australia, defiende la Causa de Cristo. Está edificando el Reino.

Su papel es la visión. Él es un sacerdote. Mi papel como Kingdom Builder es proveer para financiar el Reino.

El Pastor Brian lo llama "Reyes y sacerdotes".

El papel del sacerdote a lo largo de las Escrituras era conectar a las personas con Dios. Ese es el corazón del Pastor Brian. Ésa es su vocación. Su ministerio.

Mi papel como Kingdom Builder es ayudar a financiar el Reino. Elevar la ofrenda por encima y más allá para que el mensaje del Evangelio se pueda llevar a todo el mundo.

Los dos trabajan juntos. Visión y provisión. Una imagen del futuro y los medios para hacer realidad esa imagen.

Tal vez, solo tal vez, ¿será esa también tu vocación?

Para proveer. Trabajar duro. Dar con sacrificio para que la visión de tu pastor se convierta en realidad.

Y ese es el papel de un rey: proteger y proveer.

EL PAPEL DEL PASTOR

Tomé la decisión hace 16 años de contratar a personas más inteligentes que yo.

Eso lo aprendí del Pastor Brian. Siempre ha tenido estos pastores y líderes súper talentosos trabajando con él.

La gente le preguntaba: "¿No te amenazan?" Y el Pastor Brian decía: "No. Es un honor poder trabajar con gente tan inteligente y creativa. Gracias a sus dones, Hillsong Church es capaz de innovar, progresar y prosperar. Honestamente, me hacen quedar bien. Lidero desde el frente, pero no podría tener el tipo de alcance y conocimiento sin mis colegas".

Ese tipo de liderazgo requiere confianza. Se necesita humildad.

Y se necesita una capacidad increíble para identificar y atraer el tipo adecuado de talento. Para nutrir ese talento. Y, para ir más allá.

Creo que la razón por la que muchos pastores fracasan es que están demasiado impulsados por el ego. Tienen demasiado orgullo. Deben tener el control.

Ese no es el tipo de líder que Dios promete en Jeremías, capítulo 3.

También he visto al Pastor Brian ser un líder fuerte y decisivo. La gente no quiere seguir a un líder endeble. Quieren seguir a un líder cuya visión sea recta y verdadera.

Los pastores deben ser persistentes en ver oro en las personas. He visto al Pastor Brian hacer esto una y otra vez a lo largo de los años que he estado siguiendo su liderazgo. Y funciona.

¿Por qué?

Porque levanta a la próxima generación de Reyes y Sacerdotes en la Iglesia.

Los pastores también necesitan escuchar la sabiduría colectiva. Esto requiere coraje para pedir ayuda. Deben tener una actitud de que no se trata solo de ellos. No lo saben todo. No tienen todas las respuestas.

Recuerdo que hace cuatro o cinco años dije algo fuera de lugar. Y el Pastor Brian se dirigió a mí al respecto.

Él dijo: "Tienes una boca demasiado grande, Denton".

Le dije: "Sí, tienes razón. Me voy a disculpar".

Me miró y dijo: "Andrew, ¿sabes qué es lo que más amo de ti? Eres fácil de enseñar".

Los pastores también necesitan poder profundizar y saber cuándo luchar por el futuro. Imparablemente feroces. Implacables.

Los pastores también deben poder priorizar su propio bienestar. Se trata de disciplina. Y, ser lo suficientemente fuerte como para decir "No". Lo que se reduce a ser capaz de tomar decisiones valientes.

Los pastores deben liderar desde el frente. Al igual que el Pastor Brian, en el sentido de que no le pedirán a nadie que haga lo que ellos mismos no están dispuestos a hacer.

Para hacer más de lo que se les paga por hacer. Para dar más de lo necesario. Para esforzarse más de lo que quieren. Consumir menos de lo que desean. Para ayudar más de lo necesario. Y perder menos tiempo del que deberían.

Finalmente, creo absolutamente que los pastores deben ser intuitivos. Tienen que ser capaces de ver las cosas. Esto requiere una vida de oración profunda y rica.

Si eres un pastor que lee esto, debes saber que la gente a la que estás tratando de dirigir nunca llegará más lejos que tu mismo. Tu rebaño nunca te dejará atrás. Nunca te dejará. Nunca te dejará de servir.

Si esta lista de comportamientos, crea una sensación de desesperación en ti, entonces es algo grande.

Dios es un Dios de transformación. Promete darnos un corazón nuevo y un espíritu nuevo. Y esa promesa se aplica a ti.

Lo que me encanta del Pastor Brian y Bobbie es que viven esto.

Su visión de la Iglesia Hillsong va más allá de ellos.

Tiene que ir más allá.

Porque no se trata de ellos. Se trata del avance del Reino de Dios. La Causa de Cristo en el futuro. Y el pueblo de Dios viviendo el Evangelio en lugares de importancia e influencia en todo el mundo.

LA PROMESA DE VISIÓN DE DIOS

Lucas captura una palabra profética de Joel sobre la Iglesia:

> "Sucederá que en los últimos días —dice Dios—,
>   derramaré mi Espíritu sobre todo el género humano.
> Los hijos y las hijas de ustedes profetizarán,
>   tendrán visiones los jóvenes
>   y sueños los ancianos.
> En esos días derramaré mi Espíritu
>   aun sobre mis siervos y mis siervas,
>   y profetizarán.
> Arriba en el cielo y abajo en la tierra mostraré prodigios:
>   sangre, fuego y nubes de humo.
> El sol se convertirá en tinieblas
>   y la luna en sangre
> antes que llegue el día del Señor,
>   día grande y esplendoroso.
> Y todo el que invoque el nombre del Señor
>   será salvo"
>
> **(Hechos 2:17-21)**

Si tu iglesia no está creciendo, te pido que revises tu corazón. ¿Estás creyendo en las promesas de Dios? ¿Estás dando pasos de fe?

¿Cuán grande es tu visión?

¿De verdad tienes una visión? ¿Tu visión es demasiado pequeña?

Mi amigo Lee Domingue tiene un dicho: "El Pastor

marca la Visión, pero los Kingdom Builders marcan el Ritmo".

La visión es tu capacidad para ver el futuro. Para articular claramente lo que ve en su iglesia. Y luego llamarlos, equiparlos y empoderarlos.

No pierdas este punto.

La mayoría de las iglesias se quedan estancadas en 300 personas porque la mayoría de los pastores tienen demasiado miedo de soñar más allá de lo que tienen la capacidad de liderar. Si este eres tu, en realidad estás paralizando a tu congregación por tu incapacidad para crecer.

Si no quieres crecer personalmente en tu propio caminar espiritual y tu propia capacidad, entonces estás reteniendo a la congregación. Yo diría que los estás estafando. Robándoles lo que Dios quiere hacer en sus vidas y en la vida de tu comunidad.

El alcance de Hillsong está más allá de cualquier cosa que podamos pedir, pensar o imaginar porque el Pastor Brian no ha dejado de soñar. No ha dejado de creer. No ha dejado de aumentar su propia capacidad.

A lo largo de los años, he visto al pastor Brian aumentar su capacidad. Y, como resultado, tenemos un alcance global. Una familia global.

Una casa, muchas habitaciones.

MI RED

Dieter Conrad y yo nos conocimos por primera vez hace siete años después de una charla de Kingdom Builders que di en su iglesia.

Dieter tuvo todos estos sueños masivos. Y recuerdo que pensé: "Vaya. ¿De verdad?".

Quería ir "con todo". Tenía la decisión en su corazón adecuada.

Pero aún no había hecho nada significativo. En ese momento, todavía estaba trabajando para otra persona.

No volví a encontrarme con él durante varios años. Cuando me reuní con él cuatro años después, era el dador más grande en la Iglesia Hillsong de Alemania. Se sentó como miembro de la junta de Compassion Germany. Formó parte del consejo de Vision Rescue para Alemania.

Y, en ese tiempo desde la última vez que lo vi, él había comenzado su propio negocio y ganaba siete veces lo que ganaba antes. No el doble, sino siete veces.

Su vida había cambiado total y completamente cuando

descubrió que su propósito era ser un Kingdom Builder.

Es un hombre asombroso.

Una gran historia.

Conocí a otro joven en Alemania que condujo tres horas solo para tener una reunión de 15 minutos conmigo. Nos habíamos conocido dos años antes y recuerdo haberle preguntado: "¿Por qué estás creyendo en Dios? ¿Qué tan grandes son tus sueños?

Y respondió que le gustaría trabajar para una empresa específica.

Dos años después, cuando nos encontramos, dijo: "Andrew, mis oraciones fueron respondidas. Voy a trabajar para esa empresa. Pero eso no es todo. Voy a ser el director ejecutivo. Habla más allá de lo que puedas pedir, pensar o imaginar".

Dijo: "Hace dos años, lo que estaba más allá de lo que podía pedir, pensar o imaginar era trabajar para esa empresa. Pero ir allí y empezar como director ejecutivo ... es simplemente ridículo".

Luego está Juan Marcos en Barcelona. Era un chico soltero cuando lo conocí. En un negocio. Nunca pensó que podría escribir un cheque de 2.000 €.

Hoy está casado con una hermosa joven bielorrusa. Y está escribiendo cheques de 20.000 € y 30.000 €. Su negocio ha pasado a otro nivel como Kingdom Builder. Conoce su propósito.

Estas son solo tres historias de las cientos que podría contarte. Es por eso que nunca dejaré de hacer lo que hago: contar mi historia y la historia de Kingdom Builders. Me encanta que la gente se despierte. Sus vidas están cambiando. Empiezan a comprender su propósito. Ver a Dios quitarle las vendas de los ojos en sus vidas. Ver a Dios hacer abundantemente más de lo que ellos jamás podrían pedir, pensar o imaginar. Me encanta ver a la gente confiar en Dios. Dar pasos de fe.

Y me encanta ver pastores que tienen hambre. Desesperados por los Kingdom Builders.

SOCIOS EN EL EVANGELIO

Hoy, siento el peso de este mensaje. Sé el impacto en las iglesias en las que estoy hablando. Pero también sé que estoy hablando con personas específicas. Hombres y mujeres como tú. Que buscan algo más. Algo significativo. Algo a lo que valga la pena dedicar su vida, su carrera y su familia.

También sé que al diablo no le gusta que lo diga. Sé que soy un hombre marcado. No quiere que la gente escuche este mensaje. Por eso oro cada vez que me levanto para hablar.

Le pido a Dios que abra corazones y mentes para escuchar la verdad y el poder de este mensaje.

Sé que si solo una persona, el uno por ciento de la congregación, capta este mensaje, la diferencia que puede hacer es enorme. Pero, ¿y si lo recibe la mitad de la audiencia?

Eso es por lo que estoy orando. Esos son los socios que

estoy buscando encontrar.

Estaba en Konstanz, Alemania, una pequeña ciudad turística similar a Queenstown, Nueva Zelanda, de donde es mi esposa, compartiendo el mensaje de Kingdom Builders.

En ese momento, parecía obvio que la ciudad de Dusseldorf, económicamente influyente y más establecida, sería una elección más inteligente de sede porque había una abundancia de riqueza y una población mucho mayor.

Sin embargo, fue en Konstanz donde me sentí guiado por Dios a profetizar sobre la congregación. Oré: "Así como Baulkham Hills, un pequeño suburbio en las afueras de Sydney, ha liderado el camino en lo que respecta a Kingdom Builders, creo que desde la pequeña Konstanz aquí, no solo financiarán a Alemania, sino también a los países vecinos".

Ahora, una profecía solo debería confirmar lo que hay en el corazón de alguien.

Los pastores, Friemut y Joanna Haverkamp, estaban allí y eran poco conocidos para mí en ese momento, también se había grabado en sus corazones que no debían mudarse a Dusseldorf, sino quedarse en Konstanz. Esa decisión no se había sentido confirmada hasta ese momento. Mi mensaje confirmó lo que ya tenían en el corazón.

Este mensaje de Kingdom Builders es un mensaje de obediencia. Escuchar la voz de Dios y vivir en respuesta.

Lo estoy viviendo, llevando el mensaje a todo el mundo. Y he visto socios en el Evangelio, Kingdom Builders, de todo el planeta, dar un paso al frente e ir "con todo".

PROBANDO A DIOS

Mientras viajo compartiendo este mensaje de financiar el Reino, a menudo un esposo o una esposa me preguntan: "¿Cómo puedo estar en la misma página con mi cónyuge cuando se trata de dar?"

Siempre recurro al libro de Malaquías:

> Traigan íntegro el diezmo para los fondos del templo, y así habrá alimento en mi casa. Pruébenme en esto —dice el Señor Todopoderoso—, y vean si no abro las compuertas del cielo y derramo sobre ustedes bendición hasta que sobreabunde.
> **(Malaquías 3:10)**

Les pregunto a las parejas: "¿Habéis probado a Dios?" Dice que lo pruebes.

Y comparto la misma historia. Estoy sentado en la iglesia un domingo y miro al otro lado del auditorio donde veo a un joven que ha estado en la iglesia por un tiempo. Ha estado en Bible College y está a punto de regresar a Europa para comenzar una iglesia.

Dios simplemente lo pone en mi corazón para sembrar en su ministerio. Y yo digo, "Genial, Dios. ¿Cuánto?"

Me cuenta la cifra. Boom. Así.

Luego digo: "Está bien, Dios. Conoces el trato. Díselo a

Susan. Ella tiene que saberlo".

Espero recibir un codazo de inmediato en la iglesia. No pasa nada. El servicio finaliza y todavía estoy esperando que suceda algo.

Salimos juntos al aparcamiento. Nada.

Nos subimos al auto y estoy a punto de encender el motor cuando Susan dice: "Oye, creo que Dios me está diciendo hoy que debemos sembrar en el ministerio de Stuart". Y yo digo, "Oh, ¿en serio? ¿Cuánto?"

Entonces Susan me dice la misma cantidad que Dios me había revelado. Lloré, porque soy un blando enorme.

Fuimos obedientes y lo hicimos.

Vino un domingo y cenó en familia. Al salir, le entrego un sobre con el dinero dentro. No tenía ni idea de lo que había en el sobre.

Tuvo un gran impacto en Stuart.

Tanto es así, que sus abuelos nos escribieron cartas meses después agradeciéndonos por lo que significó en su vida y ministerio.

Ahora, he contado esa historia en todos los lugares a los que he viajado durante bastante tiempo. Esa es la historia que cuento cada vez que la gente me pregunta cómo pueden estar en la misma página.

En primer lugar, como esposo, tenía mi antena espiritual en alto para escuchar a Dios. Y escuché de Él.

En segundo, probé a Dios. "Muy bien, Dios. Entonces díselo a Susan".

En tercero, ella tenía su antena espiritual en alto y también escuchó de Dios.

En cuarto, fuimos obedientes, de hecho, lo hicimos. Como resultado, un hombre y su ministerio fueron bendecidos.

Hace unos años, estaba hablando en Europa. Stuart se enteró y me llamó. Me preguntó si podía venir a escucharme hablar y le dije: "Por supuesto". Entonces pensé: "Necesito inventar una nueva historia".

Así que oré: "Dios, ayúdame a descubrir lo que necesito compartir".

Dios respondió directamente: "¿Por qué? ¿Qué hay de malo en esa historia? "

Bueno, "Stuart estará allí esta noche, Dios. Eso será un poco extraño, ¿no?"

Dios dijo: "¿Confías en mí o no?"

Así que doy mi charla y, por supuesto, la pregunta sobre las parejas que están en la misma página surge cuando estoy parado frente a Stuart. Cuento su historia. A mitad de camino, piensa para sí mismo: "Está hablando de mí. Está hablando de mí".

Cuando llegó el momento de la parte de la historia en la que sus abuelos me escribían, nunca supo que lo habían hecho. Entonces, después de la reunión, me agarra y me dice: "Andrew, no sabes lo que eso hizo por mí. El dinero que tú y Susan me dieron era la cantidad exacta que necesitaba para arreglar mi vida y comenzar mi ministerio".

Venía de ser obediente y estar en unidad. En la misma página espiritualmente. Compañeros iguales en el Evangelio.

MI PROTEGIDO

He viajado por todo el mundo ahora compartiendo mi historia, apoyando a la Iglesia local y defendiendo este llamado de financiar el Reino. Y lo extraordinario que he encontrado en cada iglesia en la que me levanto para hablar es el puñado de personas como Susan y yo que hemos estado esperando escuchar este simple mensaje.

Una y otra vez, he visto a futuros Kingdom Builders autoescogerse. Levantar las manos y decir: "Yo voy".

Uno de esos tipos, que ya he mencionado aquí en el libro, es Henry Brandt. Es el creyente de Estocolmo que me invitó a cenar con su esposa. Habían estado ayunando y orando por el lanzamiento de Kingdom Builders, y Dios les había dado Mateo 6:33 como un pasaje para meditar y orar.

Cuando me levanté para compartir, se abrió algo en su corazón. Dios estaba confirmando en ellos, a través de mí, que el llamado de Kingdom Builder era para ellos.

Desde entonces, Henry ha viajado conmigo por todo Estados Unidos y Europa. Llevó mis maletas, me escuchó hablar y se sentó conmigo a través de cientos de encuentros personales.

Lo que me encanta de Henry es que se le puede enseñar. Ni siquiera puedo contar cuántas veces ha escuchado mi historia, pero lo veo allí tomando nota tras nota en su teléfono.

Realmente creo que Dios ha llamado a otros Henry Brandt. Hombres y mujeres que ponen a Dios en primer lugar en todos los aspectos de sus vidas. Que han cruzado los límites. Que caminan de cerca con Dios todos los días.

Henry me llama uno de sus mejores amigos en la vida. Yo le llamo un hermano en Cristo que lo entiende.

Es un ejemplo para su iglesia en Estocolmo. Y, porque él lo consigue, ellos lo consiguen. Esa es una de las razones por las que Kingdom Builders en Estocolmo está creciendo más rápido que en cualquier otro lugar del mundo.

También llamo a Henry mi protegido. Pero la verdad es que Dios está levantando y llamando a hombres y mujeres de todo el planeta a defender la Causa de Cristo en la Iglesia local.

Realmente creo que hay Henrys en todas partes.

Hoy en día, tengo hombres y mujeres en todo el mundo que están suplicando ser desafiados no solo a ser Kingdom Builders en su dar regular, sino también, como yo, levantar a la próxima generación de Kingdom Builders en todo el mundo.

UNA CARTA ABIERTA A LOS PASTORES DEL MUNDO

Querido Pastor,

Tu iglesia está esperando que hagas la búsqueda de almas, entregadas y transformadoras al que ha sido llamado. Están ansiosos por respaldar su visión a la altura de Dios para hacer avanzar el Reino más allá de lo que incluso usted puede pedir, piensa o imagina.

Hay un grupo de personas que están esperando desesperadamente y orando por la oportunidad de ser estirado, desafiado, movilizado y llamado a dar, ir, orar y liderar.

Sí. Sus ojos están fijados en ti. Están mirando para ver si eres quien dices ser. Y que harás lo que Dios te ha llamado a hacer. Quieren saber si eres real. Quieren ver qué harás primero. Si tu...

Servirás el primero.
Darás el primero.
Soñarás el primero.
Orarás el primero.
Irás el primero.

Y realmente creen y quieren ir "con todo". Realmente lo creen.

Pero están esperando.

Si. Están esperando ser desafiados por una visión a la altura de Dios que los llama a dar lo mejor en quiénes son y lo que creen que es posible. Están esperando ser llamados a la vida al límite. Una vida del Reino.

La vida sobre la que han leído en las Escrituras. La vida sobre la que predicas semana tras semana.

La vida abundante que Dios promete una y otra vez en las Escrituras.

Pero necesitan que pintes un cuadro de adónde Dios está llamando a tu iglesia.

Cómo se ve realmente su visión para ellos como una comunidad de creyentes dispuestos a ir "con todo". La gran-enorme-audaz-visión que te asusta.

Ya sabes. Aquella a la que entregaste tu vida y tu llamado a ser parte. Esa visión a la altura de Dios que está más allá de tus sueños y aspiraciones más salvajes. la que requiere que Dios se muestre y se glorifique. La visión que has tenido demasiado miedo para decir en voz alta.

Que juegues pequeño no le hace ningún bien a nadie. Especialmente a la familia de tu iglesia. Tu incapacidad para soñar en grande hace que ellos también jueguen en pequeño. Están andando de puntillas por la verdad, porque tú lo haces.

No dejes que tu ego se interponga en tu camino.

No dejes que tu falta de fe te paralice.

No dejes que nada grande o pequeño te detenga.

Haz lo que sea necesario para escuchar a Dios. Soñar con Él. Para ver el potencial que Él ve. Para capturar los corazones de las personas que Él ha confiado a tu cuidado.

No retrocedas.

No juegues en pequeño.

No pierdas otro Domingo. Otro sermón. Otro momento.

Ponte de rodillas. Abre tu corazón. Y pide lo imposible.

Luego comparte lo que Dios te dice a tu gente. Convierte esa visión en realidad. Llama a los mejores de ellos e invítalos a unirse a ti para hacer realidad ese sueño a la altura de Dios.

Tu gente está esperando.

Dios esta esperando.

Y, en el fondo, tú estás esperando.

Ahora es el momento.

Deja de procrastinar y empieza a creer.

Has sido llamado a mucho más. Para construir el Reino. Y para levantar Kingdom Builders.

Sinceramente,

Andrew & Susan Denton

PARTE TERCERA

LA PRÁCTICA

FE SE DELETREA
RIESGO

A lo largo de los años, he aprendido que la fe realmente se deletrea RIESGO. Y, por riesgo, me refiero a tomar riesgos sabios. Los que tienen sentido. No tontos.

La palabra hebrea para sabiduría significa literalmente "vivir la vida con habilidad".

Entonces, cuando se arriesga, uno no debe ser tonto al respecto. Deberías usar tu cabeza. Sigue el corazón de Dios y da pasos de fe. Pero pasos que tengan sentido. Pasos de fe al borde de tu zona de confort. La fe avanza no solo con las finanzas, sino con cada área de la vida.

El escritor de Hebreos nos dice esto sobre el riesgo y el dar pasos de fe:

> En realidad, sin fe es imposible agradar a Dios, ya que cualquiera que se acerca a Dios tiene que creer que él existe y que recompensa a quienes lo buscan.
>
> **(Hebreos 11:6)**

El miedo y la fe son la misma emoción. Y cómo te acercas a Dios dice mucho sobre lo que crees acerca de Él.

¿De verdad crees que Él se preocupa por ti?

¿De verdad confías en que Él tiene en mente tus mejores intereses?

¿De verdad sabes que Él responderá?

¿De verdad crees que todas sus promesas son para ti?

Si es así, entonces estarás dispuesto a tomar pasos de fe.

Lo que he descubierto es que no puedes ser fiel si tienes miedo. Creo que no puedes tener un poco de miedo y ser fiel. Ese poquito significa que tienes miedo.

Lo mismo ocurre con tener poca fe. No puedes tener esa poca fe y tener miedo. Simplemente no coexisten.

Tienes que tomar la decisión.

Y no es fácil. Pero tienes que elegir.

Puedes tener miedo cuando la vida y el diablo te arrojan cosas, pero tienes que tener una actitud fiel.

Cada vez que me encuentro con parejas después de un evento de Kingdom Builders, les hago la misma pregunta al final de nuestra conversación: "¿Te volveré a ver?".

Esto me dice mucho sobre si están siendo temerosos o fieles.

Créeme, he estado en esa situación.

Al principio pude hablar "Cristianamente" con los mejores. Pero mi fe siempre tuvo dos o tres planes de seguridad de Andrew.

Realmente llegué a comprender que la verdadera fe era confiar verdaderamente en Dios. Si Dios no aparecía, tendría problemas.

Para mí, mi primer paso de fe fue dejar mi tercer negocio. Iba a trabajar un tercio menos y pasar tiempo con mi familia. Creí en Dios y que Él bendeciría esa decisión. Y él hizo.

No estoy seguro de cuál es tu primer paso de fe, pero sé que tienes que darlo.

RIESGO REAL

El riesgo real es ir por la vida y jugar a lo seguro.

Intento vivir esto todos los días. Ahora sé demasiado para ir a lo seguro. He experimentado la aparición de Dios. Una, y otra y otra vez. Sé cuán fiel es realmente. También sé demasiado para surfear todos los días y jugar con mis nietos. Sé demasiado para ser tan egoísta.

Por eso Susan y yo seguimos arriesgando hoy. Todavía estamos sirviendo. Seguimos viviendo una vida generosa.

Todavía estamos escribiendo cheques. Y todavía estoy viajando por todo el planeta compartiendo este mensaje de financiar el Reino.

No puedo jugar a lo seguro.

Ya no me asusto por nada.

Todavía estoy dando pasos de fe. Susan y yo estamos al borde del abismo. No tenemos miedo, no estamos ansiosos, no tenemos miedo.

Sé lo que se supone que debo hacer. Estoy cubriendo todas mis prioridades. Soy una persona de "tocarlo una vez". Aprendí a ser eficaz.

Si realmente vas a arriesgar, debes ser eficiente.

He sido un madrugador la mayor parte de mi vida. He tenido que ser deliberado al hacer las cosas. Desmonto totalmente mi día antes de desayunar.

¿Por qué?

Porque entonces puedo ser libre para hacer avanzar el Reino. Viajar por el mundo con este mensaje.

Creo que Dios también te está llamando a correr riesgos reales. Y, si eres profundamente honesto, quieres arriesgarte. Quieres dar pasos de fe. Quieres la vida abundante que Dios nos promete en las Escrituras.

Cuando me convertí en Kingdom Builder, dejé de jugar a lo pequeño y seguro. Dejé de trabajar, pensar y vivir desde una mentalidad de escasez. Empecé a tomar riesgos sabios.

Cuando miro hacia atrás en mi viaje de fe y los riesgos que he tomado, puedo ver claramente que Dios me estaba esperando.

Cuando decidí detener mi carrera como fontanero, salí por completo del juego de la autosuficiencia. Por mucho que hubiera disfrutado de mi tiempo como trabajador, sabía que necesitaba dar un paso de fe hacia una carrera diferente, una a la que Dios me estaba llamando.

Durante un período de seis años, Dios me bendijo por sin vuelta atrás. Sin tener un camino de regreso. Yendo totalmente con Él.

Hoy tengo una confianza piadosa.

No siempre ha aparecido cuando yo quería que lo hiciera, pero siempre ha llegado a tiempo.

Sabes, todavía cometo muchos errores estúpidos, pero me arriesgo de la manera correcta. Estoy dando pasos de fe creyendo que Dios aparecerá.

Cuanto mayor soy, más me doy cuenta de lo poco que sé realmente, pero mi confianza en Dios es tal que no me preocupo. Yo solo creo.

EMPIEZA PEQUEÑO

Mateo cuenta una historia sobre uno de los milagros de Jesús en su Evangelio:

> Cuando llegaron a la multitud, un hombre se acercó a Jesús y se arrodilló delante de él.
> —Señor, ten compasión de mi hijo. Le dan ataques y sufre terriblemente. Muchas veces cae en el fuego o en el agua. Se lo traje a tus discípulos, pero no pudieron sanarlo.
> —¡Ah, generación incrédula y perversa! —respondió Jesús—. ¿Hasta cuándo tendré que estar con ustedes? ¿Hasta cuándo tendré que soportarlos? Tráiganme acá al muchacho.
> Jesús reprendió al demonio, el cual salió del muchacho, y este quedó sano desde aquel momento.
> Después los discípulos se acercaron a Jesús y, en privado, le preguntaron:
> —¿Por qué nosotros no pudimos expulsarlo?
> —Por la poca fe que tienen —les respondió—. Les aseguro que, si tuvieran fe tan pequeña como un

grano de mostaza, podrían decirle a esta montaña: "Trasládate de aquí para allá", y se trasladaría. Para ustedes nada sería imposible."

(Mateos 17:14-20)

El verdadero milagro es la fe. ¿Has visto lo que dijo Jesús sobre la fe?

Si tienes aunque sea un poquito, puedes hacer lo imposible.

La gente viene a verme todo el tiempo y me pregunta: "¿Cómo escribo un cheque de $ 1,000,000?"

¿Y saben lo que les digo? "Escribe primero el de $ 5,000".

A lo largo de los años, he conocido a demasiadas personas que creen que cuando obtengan la próxima promoción o hagan que su negocio produzca una determinada cantidad, se convertirán en Kingdom Builders. Y cuando llegan a ese punto, todavía no lo hacen, porque están ganando más dinero.

Las personas que conozco a menudo dicen: "Bueno, no puedo dar el diezmo". Digo simplemente: "Creo que no puedes darte el lujo de no diezmar. Si no se te puede confiar un poco, nunca se te confiará mucho".

Si no estás diezmando cuando ganas $ 100 al día, ¿cómo podrás hacerlo cuando estés ganando $ 1,000 al día? Vuelves al miedo y no a la fe. Y a si realmente confías en Dios o no.

Si no puedes ser generoso cuando tienes un poco, nunca lo serás cuando tengas mucho. Entonces es demasiado difícil. Demasiado duro.

Tienes que tener madurez. Tienes que crecer personalmente. Y tienes que empezar ahora con lo que tienes.

No estoy seguro de qué es lo imposible en tu vida. No sé a qué demonios te enfrentas. Pero sí confío en lo que dijo Jesús en el pasaje anterior. Si tienes un poco de fe, puedes hacer cualquier cosa.

No sé cuál es tu paso de fe, pero Dios sí. El mejor consejo que puedo darte es que uses lo que tienes en la mano. Solo da un paso de fe.

Un hombre me llamó una vez y me dijo: "Andrew, ¿puedo tomar un café contigo?"

Dije: "Claro". Él era un constructor y pensé que tendríamos mucho en común.

Nos conocimos y, a los 10 minutos de la conversación, me está haciendo todas estas preguntas básicas sobre la construcción. Entonces dije: "Hermano, como constructor, debes saber todo esto". Dijo: "No soy un constructor capacitado. Tengo experiencia en TI".

Entonces, le pregunté: "Entonces, ¿qué estás haciendo con una empresa de construcción?"

Él dijo: "Bueno, vi a todos estos constructores que estaban ganando mucho dinero, así que compré una empresa de construcción".

Dije: "Amigo, veo a todos estos tipos en TI, pero no compré una empresa de TI. Me gusta el bistec, pero no compré una carnicería. Hermano, ¿qué estás haciendo?

Quebró. La hierba se veía más verde en la construcción. Y, pensó, voy a hacer eso. Hizo una elección tonta. Y corrió un gran riesgo.

Dios nos ha dado dones a cada uno de nosotros. Por lo tanto, no intentes hacer lo que hacen otras personas. Haz lo que sabes. Sigue dando pasos de fe.

Usa lo que tienes en la mano.

Tienes que trabajar con lo que tienes. Romanos 8:28 dice:

> Ahora bien, sabemos que Dios dispone todas las cosas para el bien de quienes lo aman, los que han sido llamados de acuerdo con su propósito.

Tienes que preguntarte, ¿estás en tu propósito? ¿Estás haciendo lo que estás llamado a hacer? Tienes que amar lo que tienes que hacer.

Estoy en la construcción. Amo construir cosas. Me encanta ver cómo una idea surge de la tierra y se convierte en algo real y tangible. Es lo que hago.

No diseño lo que construimos, porque no soy creativo. Pero si me das un plano, puedo construir cualquier cosa.

¿En qué estás dotado?

¿Qué pequeños pasos necesitas dar?

¿Cómo estás confiando en Dios con lo que tienes ahora? Todas estas son preguntas importantes. Preguntas de fe. Preguntas sobre la vida.

Recuerda, no existe el "paso en falso".

La mayoría de la gente está esperando el momento perfecto. Probablemente incluso te hayas dicho a ti mismo: "Simplemente no es el momento adecuado".

¿Sabes lo que encontré? No existe el "momento adecuado" o el "momento equivocado". Da el paso de todos modos.

A veces he esperado y fue una decisión estúpida. Si Dios está detrás de esto, lo hará funcionar. Puede acelerar las cosas cuando es necesario acelerarlas. Y puede ralentizar las cosas cuando es necesario ralentizarlas.

Él es Dios.

Él tiene el control. Él te tiene a ti.

Y Él está esperando que des ese pequeño paso de fe y le confíes los dones y recursos que Él te ha confiado.

¿A que estás esperando?

BAJO ATAQUE, EN EL CAMINO

Lo primero de lo que puedes estar seguro es que cuando des un paso de fe, serás atacado. Y esto es bueno, porque sabrás que vas por buen camino.

El diablo no quiere que hagas avanzar el Reino.

El diablo no quiere que vayas "con todo" con Dios.

El diablo no quiere que te arriesgues.

El diablo quiere que estés cómodo, contento y complaciente.

Entonces, cuando das un paso de fe, estás poniendo una diana en tu espalda. Susan y yo hemos experimentado esto de primera mano. Hemos experimentado un ataque personal, física y relacionalmente.

Si crees que estás por encima de ser sacudido por el diablo, este es el momento en el que estás a punto de ser sacudido.

En unos 18 meses, tuve cuatro accidentes diferentes.

El último casi me mata. Costillas rotas, dedos rotos, muñecas rotas y un tendón de la corva desgarrado más tarde, sé que el diablo quiere atraparme.

En ese momento, recuerdo haber pensado para mis adentros: "¿Qué viene ahora? ¿Qué más?"

Sabía que estaba en el camino correcto. Y que el diablo estaba tratando de matarme.

Necesitas entender explícitamente que el diablo odia cuando tú eres fiel y trabajará activamente para hacerte dudar de tu fe, dudar de tu llamado para financiar el Reino y dudar de las promesas mismas de Dios.

Las Escrituras nos dicen que el diablo busca de continuo "robarte, matarte y destruirte" (ver Juan 10:10).

Cuando levantas la mano para servir, puedes garantizar que el dolor y las dificultades se te avecinan.

Pero también puedes estar seguro de que Dios es fiel a sus promesas.

1 Pedro 5: 8-11 habla sobre el ataque y lo que Dios hará:

> Practiquen el dominio propio y manténganse alerta. Su enemigo el diablo ronda como león rugiente, buscando a quién devorar. Resístanlo, manteniéndose firmes en la fe, sabiendo que sus hermanos en todo el mundo están soportando la misma clase de sufrimientos.
> Y, después de que ustedes hayan sufrido un poco de tiempo, Dios mismo, el Dios de toda gracia que los llamó a su gloria eterna en Cristo, los restaurará y los hará fuertes, firmes y estables. A él sea el poder por los siglos de los siglos. Amén.

Efesios 6:11-17 nos instruye sobre cómo combatir al diablo cuando estamos bajo ataque:

> Pónganse toda la armadura de Dios para que puedan hacer frente a las artimañas del diablo. Porque nuestra lucha no es contra seres humanos, sino contra poderes, contra autoridades, contra potestades que dominan este mundo de tinieblas, contra fuerzas espirituales malignas en las regiones celestiales. Por lo tanto, pónganse toda la armadura de Dios, para que cuando llegue el día malo puedan resistir hasta el fin con firmeza. Manténganse firmes, ceñidos con el cinturón de la verdad, protegidos por la coraza de justicia, y calzados con la disposición de proclamar el evangelio de la paz. Además de todo esto, tomen el escudo de la fe, con el cual pueden apagar todas las flechas encendidas del maligno. Tomen el casco de la salvación y la espada del Espíritu, que es la palabra de Dios.

Verdad. Justicia. El Evangelio de la Paz. Fe. Y, el Espíritu Santo.

Estas son nuestras armas.

¿Qué es la verdad? La verdad es una persona. Su nombre es Jesús.

Y la verdad son las Escrituras, la palabra de Dios.

¿Qué es la justicia? La rectitud es vivir correctamente.

Es caminar con Dios y ser una persona íntegra.

¿Qué es el evangelio de la paz? El Evangelio es la buena noticia del Reino. Es la promesa de que Dios te está haciendo completo y santo.

¿Qué es la fe? La fe se deletrea RIESGO. Es caminar con Dios sin importar qué y confiar en que Él es fiel a Sus promesas.

Y, por último, el Espíritu Santo está vivo en todo aquel que es hijo de Dios. El Espíritu Santo está ahí para enseñarte, guiarte y protegerte del diablo.

Te dejo con las propias palabras de Jesús:

> —¿Hasta ahora me creen? —contestó Jesús—. Miren que la hora viene, y ya está aquí, en que ustedes serán dispersados, y cada uno se irá a su propia casa y a mí me dejarán solo. Sin embargo, solo no estoy, porque el Padre está conmigo. Yo les he dicho estas cosas para que en mí hallen paz. En este mundo afrontarán aflicciones, pero ¡anímense! Yo he vencido al mundo."
>
> **(Juan 16:31-33)**

¿Qué tan bueno es eso? Se prometen dificultades, pero podemos estar seguros de que Jesús ha conquistado el mundo.

EDIFICANDO EN TEMPORADAS INCIERTAS

El Día de la Madre se ha visto diferente este año. En el momento de redactar este informe, el gobierno estatal de Nueva Gales del Sur en Australia ha establecido restricciones en respuesta a la pandemia de COVID-19.

Las cosas pueden cambiar drásticamente en tan poco tiempo.

De vivir la vida como "normal", a que ahora solo se me permita tener a dos personas visitando mi casa, además de mi familia inmediata. El distanciamiento social y los desinfectantes de manos son ahora imprescindibles.

Los cafés y restaurantes están cerrados. La forma en que compramos alimentos ha cambiado. Ahora tengo que obtener un pase de cuarentena para tomar vuelos domésticos entre estados en Australia. Si mi empresa de construcción no fuera considerada un servicio esencial, no podría volar en absoluto.

Los servicios de la iglesia también son diferentes ahora. Ya no podemos reunirnos físicamente, así que nos aseguramos de que nuestras experiencias en línea sean las mejores para ministrar a nuestras congregaciones y más allá.

La vida ahora es a través de Zoom, llamadas telefónicas y FaceTime.

En febrero de 2020, estaba visitando las ubicaciones de la Iglesia Hillsong en Dinamarca. ¡Varias semanas después, estaba en Noruega y la nación entera cerró el día después de mi vuelo!

El mundo está sintiendo el severo impacto de las restricciones y las repercusiones son de gran alcance. No es solo mi pequeña burbuja en Sydney o tu pequeña burbuja en cualquier parte del mundo.

¡Esta crisis específicamente ha cambiado el mundo entero a la vez!

Aceptar la falta de control requiere una gran confianza. Si todos nos ponemos ansiosos, preocupados y consternados (los otros nombres del miedo), entonces el diablo ya ha comenzado a derrotarnos.

¡No tengas miedo, sé fiel!

Se está arrojando mucho miedo al mundo entero en este momento. El miedo a lo que "podría" suceder está haciendo que la gente tome decisiones imprudentes y sin sabiduría. Necesitamos basarnos en las promesas de Dios, no en las predicciones inciertas del mundo.

Dios supo de esta pandemia antes que nosotros supiéramos de esta pandemia. Él ya tiene las respuestas. Las mejores estrategias.

Es posible seguir yendo "con todo" cuando las circunstancias te dicen de ir "con nada".

DIOS SIEMPRE VUELVE

Todos queremos milagros, pero no queremos estar en situaciones desesperadas que los necesiten. Imagina a Dios usando incluso la pandemia de COVID-19 para solucionar problemas en tu vida personal, negocios y finanzas.

Eso es lo que sucede cuando Dios aparece en una crisis; Proporciona respuestas que son incluso mejores de lo que podemos imaginar. Aquí está lo emocionante: ya escuché tantas historias de milagros durante esta temporada de Kingdom Builders que en realidad podrán dar más de lo que han prometido actualmente o más de lo que han dado antes. Un amigo de mi grupo de conexión en la iglesia compartió recientemente cómo los últimos 18 meses han sido los peores 18 meses en 20 años de actividad. Puedes imaginar cómo la cuarentena por la pandemia le habrá hecho sentir.

Sin embargo, su negocio acaba de tener su mejor mes de abril. De hecho, abril de 2020 ha sido mejor que todos sus últimos 12 meses.

> —Les aseguro —respondió Jesús— que todo el que por mi causa y la del evangelio haya dejado casa, hermanos, hermanas, madre, padre, hijos o terrenos recibirá cien veces más ahora en este tiempo (casas, hermanos, hermanas, madres, hijos y terrenos, aunque con persecuciones); y en la edad venidera, la vida eterna. Pero muchos de los primeros serán últimos, y los últimos, primeros."
> **(Marcos 10:29-31)**

¿Sientes que estás sacrificando mucho en este momento? Vendrán problemas, pero no es el final de tu historia. La pregunta es, ¿te estás poniendo a ti mismo primero o estás poniendo a Dios?

Durante temporadas inciertas, debemos recordar que no se trata solo del dinero; se trata de la condición del corazón. Nuestra capacidad (lo que podemos dar) de ser generosos puede cambiar en una crisis, pero nuestra convicción (valores y absolutos) con respecto a la generosidad sigue siendo la misma.

Hay un hombre de negocios que conozco muy bien. Su nombre es Sam. En lo que pareció un momento, el trabajo de 10 semanas quedó en suspenso indefinidamente como resultado de la pandemia de COVID-19.

Sam compartió cómo sintió claramente que Dios le estaba guiando: "Sam, vas a salir de esto". Actuó sobre esta palabra durante las próximas semanas. Sam decidió brindar servicios gratuitos a los clientes sin dejar de pagar a sus trabajadores que estaban en casa y no podían trabajar.

Nunca olvidaré llamar a Sam durante este tiempo. Necesitaba hacer algo de trabajo en mi garaje y quería darle el trabajo.

"Sí, vendré y lo haré. Pero solo si puedo hacerlo gratis".
"¿Qué? No te pedí que lo hicieras gratis, Sam. Soy capaz para pagarte y yo quiero pagarte".

Oh, sé que puedes pagarme, Andrew. Pero ese no es el punto. Quiero sembrarlo".

Me quedé asombrado. Aquí hay un hombre que no tenía nada más en la tubería. Pero todavía estaba sembrando semillas de generosidad en una temporada incierta, creyendo que Dios produciría una cosecha futura.

> Unos dan a manos llenas, y reciben más de lo que dan; otros ni sus deudas pagan, y acaban en la miseria.
> **(Proverbios 11:24)**

Bueno, Sam experimentó la promesa de este versículo. De camino a casa desde mi casa, recibió una llamada inesperada. ¡Una oferta para completar una cantidad significativa de trabajo que debía comenzar en dos días, lo que requería que empleara a 15 personas para completarlo!

Dios siempre aparece en la crisis. Sam tuvo que sembrar semillas primero. Luego, su generosidad se convirtió en una cosecha de provisión y oportunidad milagrosa.

UNA ECONOMÍA DIFERENTE

"¡Eso es un 25% más que el precio de venta!"

Antes de las restricciones pandémicas en mi parte del mundo, ¡tenía un bloque de tierra que ni siquiera podría regalar! Como a veces dicen los australianos, "Me estaba haciendo un agujero en el bolsillo".

Estaba perdiendo dinero en esta propiedad, pero no tenía soluciones a la vista.

Situaciones como esta me pueden dar miedo, pero honestamente duermo bien por la noche. Sé que Dios lo tiene bajo control. No es arrogancia; es la confianza piadosa sobre la que escribí anteriormente.

Las cosas que la sociedad dice que deberían estresarte no deberían estresarte porque vivimos en una economía diferente. Volviendo al planeta tierra: en el momento de escribir este libro, ahora tengo dos compradores potenciales que intentan competir entre sí por él. Así es. Durante una temporada mundial incierta. Y como resultado, potencialmente me iré con una cuarta parte más que el precio de venta original.

No estoy compartiendo esto para jactarme, sino para mostrarte cómo Dios puede usar todas las cosas para bien en tus propias circunstancias. Y cuando llega la provisión, llega. No habrá duda de que Dios ha estado involucrado.

Tener una confianza en Dios allana el camino para que ocurran milagros. Tengo la expectativa de que vendrán desafíos, pero una expectativa absoluta de que Dios se encargará de ellos mientras tomo decisiones sabias y declaro Sus promesas.

Tenemos una ventaja injusta; podemos orar por el favor de Dios y el favor de la gente. Incluso las personas más inesperadas.

> El hombre de bien deja herencia a sus nietos;
> las riquezas del pecador se quedan para los justos.
> **(Proverbios 13:22)**

El mundo puede decir que todo es pesimismo, pero veremos una bendición sin precedentes en medio de una crisis sin precedentes y como resultado de ella.

Eventualmente miraremos hacia atrás y nos daremos cuenta de que estábamos posicionados perfectamente.

EL TIEMPO ES UN MAESTRO Y LA CRISIS ES UN REVELADOR

Mis bigotes grises muestran dos cosas: he estado viviendo la vida desde hace un tiempo y todavía estoy por aquí para escribir sobre ello.

El tiempo me ha enseñado que realmente no puedo hacer esto yo mismo. Necesito a Dios. Es un gran lugar para llegar. Una mejor forma de vivir.

Susan y yo estuvimos reflexionando recientemente sobre otra crisis que tuvimos que afrontar hace más de una década. La crisis financiera de 2007-2008. Nos golpeó duro. Recuerdo que un año después, literalmente, me arrodillé y clamé a Dios para que nos ayudara.

Y nos ayudó, pero no de la forma que esperábamos. No hay dinero cayendo del cielo (eso habría sido increíble). En cambio, usó esta crisis para prepararnos para crisis futuras.

Nunca he aprendido nada en los buenos tiempos. En los buenos tiempos, todos somos genios. Pero en los tiempos difíciles, cuando te cuesta a ti, es cuando aprendes las lecciones.

Pudimos reconocer las debilidades en nuestro modelo de negocio e implementamos cambios que ahora nos han ayudado y protegido durante esta actual crisis de COVID-19. De hecho, nos estamos fortaleciendo y avanzando en estos tiempos.

¿Fue fácil en 2008?

¡No!

¿Todo cambió de la noche a la mañana?

Por supuesto que no.

Pero Dios es fiel. ¿Qué te está revelando el "ahora mismo"? ¿Qué permitirá que el tiempo te enseñe?

Aprender a dar y seguir dando en épocas difíciles te prepara para poder manejar mejor la prosperidad y las bendiciones futuras.

Hay una causa y un efecto para todo lo que hacemos. Cuando elegimos confiar, obedecer y dar esos pasos de fe, la visión aún puede convertirse en realidad, incluso en una crisis.

Esto puede ser difícil de leer: tu carácter, motivaciones y procesos se revelan en las crisis.

La crisis revela lo que ya estabas implementando antes de la crisis. Si no eras prudente antes de una crisis, es posible que tu habilidad o capacidad para sobrellevar los tiempos difíciles sea limitada.

Sin embargo, si has estado operando tu negocio y tus finanzas de una manera que sea espiritualmente sana antes de que ocurra una crisis, estarás en una mejor posición para manejar lo que sea que está por venir.

Todo vuelve a las Cuatro "D" que mencioné antes.

Se trata de vivir una vida disciplinada.

> El que atiende a la corrección va camino a la vida;
> el que la rechaza se pierde.
> **(Proverbios 10:17)**

Aquí hay tres absolutos en mi propia vida independientemente de la temporada:

En primer lugar, leo mi Biblia a diario. ¡No subestimes el poder de leer tu Biblia! Léela con la absoluta expectativa de que Dios te hablará todos los días.

Me niego a dejarlo hasta que Él me hable y me dé mi palabra diaria. Estoy viviendo mi vida de tal manera que estoy dando pasos de fe y el diablo está atacando; Necesito que Dios me hable todos los días.

¡Mi alma necesita alimento tanto como mi cuerpo necesita sus comidas diarias! Sí, también necesitamos recursos como otros libros, cursos, podcasts y sermones, pero la Biblia debe ser nuestro fundamento.

Una vez que obtengo ese versículo, lo comparto. A mi familia primero a través de nuestro chat de WhatsApp y luego a los demás. He estado haciendo esto durante algún tiempo que se ha llamado cariñosamente Denton's Daily Verse (el Versículo Diario de los Denton).

En segundo lugar, oro con Susan a diario. Amo orar con mi esposa. Mucha gente está casada, pero vive sola. El diablo quiere separar los matrimonios porque comprende el poder de ese pacto espiritual.

Si no estás casado, ora a diario con otras dos personas

que tengan permiso para hablar en tu vida.

Sé responsable y transparente. Comparte desde tu corazón. Ten una conversación sincera primero, seguida de oración. Es a través de una comunicación honesta que el Espíritu Santo comienza a revelar los problemas centrales que dan forma a cómo oramos los unos por los otros.

Siempre tendremos desafíos como Kingdom Builders. El diablo odia nuestra vida de fe. La oración pone una muralla de protección a tu alrededor.

Finalmente, reflexiono sobre mis sueños y metas a diario. ¡Y solo puedo hacer esto porque los tengo escritos!

> Y el Señor me respondió:
> "Escribe la visión, y haz que resalte claramente en las tablillas, para que pueda leerse de corrido"
> **(Habacúc 2:2)**

Debes tener metas en todas las áreas de la vida: ministerio, negocios, familia, matrimonio, salud y finanzas. Debes tener una visión y sueños claros a los que aferrarte en caso de crisis. Así evitarás que cambies al modo de supervivencia.

Sin metas escritas, no harás las cosas que necesitas hacer para tener una vida saludable y fructífera.

El tiempo nos ha enseñado y la crisis nos ha revelado lo siguiente: ser un Kingdom Builder no se trata solo de construir cosas externas para Dios. También se trata de permitirle construir cosas internas dentro de nuestras propias almas.

Nuestra salud es vital. Nuestra salud física, salud mental, salud emocional y salud espiritual. ¿Qué necesitas hacer para estar más saludable?

> Querido hermano, oro para que te vaya bien en todos tus asuntos y goces de buena salud, así como prosperas espiritualmente.
>
> **(3 Juan 1:2)**

Puede que no tenga pelo en la cabeza, ¡pero he elegido mantenerme joven de espíritu!

Es una elección.

DEJA QUE JESÚS LIDERE Y ABRAZA ESTA VIDA DE DIOS

"Andrew, ¿tienes algún consejo para los Kingdom Builders que están en "problemas" en este momento?" Una pregunta vulnerable y sincera formulada por una joven no hace mucho tiempo.

Este es el pasaje de las Escrituras que usé para animarla:

> Entonces llamó a la multitud y a sus discípulos.
> —Si alguien quiere ser mi discípulo —les dijo—, que se niegue a sí mismo, lleve su cruz y me siga. Porque el que quiera salvar su vida la perderá; pero el que pierda su vida por mi causa y por el evangelio la salvará. ¿De qué sirve ganar el mundo

entero si se pierde la vida? ¿O qué se puede dar a cambio de la vida?

(Marcos 8:34-37)

Jesús nos invita a dejarlo que nos guíe. Esto requiere humildad y obediencia.

Busca sabiduría, pide ayuda, ¡comienza tus disciplinas diarias! Trágate tu orgullo y arrepiéntete; da la vuelta de nuevo. Nunca es demasiado tarde para volver a la normalidad.

Amo que servimos a un Dios de gracia. Habrá que trabajar duro para solucionar las consecuencias, pero aún puedes volver a encarrilarlo todo.

Ha habido momentos en mi propia vida en los que he tenido que levantar la mano, admitir mis errores y pedirle al Señor que dirija mi vida. Y luego tuve que obedecer; vea los resultados de mi obediencia en este lado de la eternidad o no. No nos arrepentimos y obedecemos solo para recibir bendiciones; nos arrepentimos y obedecemos para tener una relación y conexión íntimas con Jesús.

Déjame animarte con mi jerga australiana: vuelve a Dios "muy rápido". Siempre hay esperanza en una crisis. Todavía podemos salir enriquecidos en tiempos difíciles incluso si hemos tomado decisiones imprudentes.

Ordena tu vida. Todos sabemos qué hacer, ¡simplemente no lo hacemos! Lo importante es darse cuenta de ello; identificarlo, arrepentirse a Él, aprender la lección y seguir adelante con Jesús a la cabeza.

Este es el objetivo del proceso de salvación: no podemos hacer nada de esto con nuestras propias fuerzas. Siempre necesitamos a nuestro Salvador, Jesucristo.

> —Tengan fe en Dios —respondió Jesús—. Les aseguro que, si alguno le dice a este monte: "Quítate de ahí y tírate al mar", creyendo, sin abrigar la menor duda de que lo que dice sucederá, lo obtendrá. Por eso les digo: Crean que ya han recibido todo lo que estén pidiendo en oración, y lo obtendrán. Y cuando estén orando, si tienen algo contra alguien, perdónenlo, para que también su Padre que está en el cielo les perdone a ustedes sus pecados."
>
> **(Marcos 11:22-25)**

"Abraza esta vida de Dios". Si haces bien tu vida, das el siguiente paso de fe y confías en Él, Él cuidará de ti. Entonces podrás construir en cada temporada, incluso en las inciertas.

DÍAS EMOCIONANTES VIENEN POR DELANTE

Esta crisis de COVID-19, y cualquier otra crisis, puede hacer que Kingdom Builders sea más estratégico, intencional y efectivo. No sé tú, pero ahora estoy usando la tecnología para hacer cosas que podríamos haber hecho antes, pero no era una necesidad. Actualmente, ahora es la única opción.

Las instalaciones y los edificios no son los parámetros que definen a nuestras iglesias. Esta temporada incierta ha revelado que ahora tenemos la capacidad, a través de la tecnología, de una audiencia más grande para el mensaje del Evangelio y el discipulado. Se nos ha abierto la capacidad de ayudar a mucha más gente. La gente es más receptiva al Evangelio.

¡Este es el momento de sembrar! Puede que no nos reunamos en edificios, pero existe una necesidad financiera asociada a las formas innovadoras que surgen de una crisis.

Cuando nuestro propósito se centra en el Reino y nuestros oídos y ojos espirituales están en sintonía con el Espíritu Santo, las oportunidades llegarán a ser una bendición.

No solo estamos llamados a dar cuando las cosas están seguras. También estamos llamados a edificar en temporadas inciertas.

Esta es una oportunidad para que los Kingdom Builders sean generosos, ¡no retroceder!

CONCLUSIÓN

ES TIEMPO DE EDIFICAR

Has leído hasta aquí y supongo que estás buscando qué puedes hacer a continuación.

Bueno, todo mi objetivo al escribir este libro fue llevar el mensaje de cómo se ve financiar el Reino.

Mi oración es que este pequeño libro llegue a las iglesias de todo el mundo, grandes y pequeñas.

Si eres miembro de una iglesia, como yo, debes ir directamente a tu pastor y hacerle saber que vas "con todo". Que lo respaldas. Y que te vas a comprometer a dar más allá de tus diezmos y ofrendas normales.

Si eres un pastor que lees esto, debes hacer una invitación abierta a todos en la iglesia para compartir la visión que Dios ha puesto en tu corazón. No discrimines. Y pídele a Dios que levante un Kingdom Builder líder que esté dispuesto a compartir su historia.

A los dos os digo: "El grifo está lleno. Dios está esperando a que tú creas. A que des el primer paso de fe".

Pastor, eres el sacerdote llamado a dar una visión. Y, miembro, eres el rey llamado para dar provisión.

Trabajando juntos, haréis avanzar el Reino en vuestro pequeño rincón del mundo.

Podéis levantar un ejército de Kindgom Builders comprometidos a ir "con todo" con Dios.

Podéis liderar el camino siendo líderes de servicio. Dando un paso de fe.

Y creo que el primer paso de fe es reunir a todos los que puedas de tu congregación y compartir este simple mensaje.

Te garantizo que te sorprenderá quién se presente.

Probablemente no sea quien crees. Y esto es bueno. Porque nuestro Dios es un Dios que nos sorprende al usar a los pequeños y a los más pequeños para hacer avanzar Su Reino. Recuerda: Susan y yo no éramos millonarios cuando escribimos nuestro primer cheque. Por lo tanto, no hay que descartar a nadie.

Ni al trabajador.

Ni al padre soltero.

Ni a nadie.

Simplemente da el primer paso de fe al reunir a las personas y compartir la visión y el compromiso de levantar hombres y mujeres para construir el Reino.

Te animo a que te reúnas con cualquier persona o pareja después de realizar el evento de lanzamiento de Kingdom Builders. Descubre qué fue lo que más resonó con ellos y luego desafíalos a dar su primer paso de fe.

Por lo general, hago la primera pregunta en mis preguntas individuales. Y he incluido algunas preguntas de ejemplo al final del libro para ayudar a resolver este punto.

Los verdaderos Kingdom Builders se identificarán a sí mismos. Levantarán la mano. Te buscarán. Entonces, prepárate para ellos.

Tu trabajo es simplemente reunir gente, ponerte de pie y compartir la visión y tu sencilla historia de dar.

Dios hará el resto.

Puedes probarlo en esto y ver si no es fiel a Sus promesas. Si no abre las compuertas de los cielos y derrama tanta bendición que no habrá espacio suficiente para almacenarla.

Lo he visto hacerlo en todos los continentes durante los últimos 24 años del viaje personal como Kingdom Builder.

Entonces, no tengo ninguna razón para dudar que Él no se mantendrá fiel a Sus promesas.

La verdadera pregunta es, ¿darás ese primer paso de fe? Porque Dios te está esperando.

APÉNDICE A

LISTA PARA KINGDOM BUILDERS

☐ ¿Tiene el pastor una visión?

☐ ¿Has identificado a un Kingdom Builder para compartir su testimonio?

☐ ¿Has fijado una fecha para el lanzamiento?

☐ ¿Has anunciado adecuadamente el evento a alguien interesado?

☐ ¿Has reservado espacios de tiempo de 30 minutos para entrevistas individuales con los asistentes?

☐ ¿Has creado folletos de inscripción de Kingdom Builder para que la gente escriba sus promesas?

☐ ¿Has reservado un fin de semana especial para honrar e invertir en los Kingdom Builders?

☐ ¿Has compartido este libro con al menos 10 personas (el núcleo del núcleo) de la congregación y has pedido que oraran por el evento?

☐ ¿Te has comprometido personalmente a dar más allá de sus diezmos y ofrendas normales?

APÉNDICE B

PREGUNTAS PARA ENTREVISTAS INDIVIDUALES

1. ¿Qué fue lo que más te impactó del evento Kingdom Builders?

2. ¿Estás en la misma página espiritualmente con tu cónyuge / prometido? (Si está casado / comprometido)

3. ¿Qué te está impidiendo ir "con todo" con Dios?

4. ¿Estás viviendo una vida temerosa o fiel? ¿Por qué?

5. ¿Por qué estás creyendo en Dios como resultado de esta simple invitación?

6. ¿Oras a diario con tu cónyuge?

7. Si es soltero, ¿tiene otras dos personas de Dios con las que orar a diario?

8. ¿Tienes metas y sueños escritos para tu vida?

9. ¿Lees tu Biblia DIARIAMENTE?

AGRADECIMIENTOS

Mi Señor y Salvador, Jesucristo, el máximo constructor de Su Iglesia y de mi vida. Gracias, Pastores Brian y Bobbie Houston, por vuestro liderazgo que me ha empoderado y liberado para descubrir y cumplir mi propósito. Muchas gracias a Steve Knox por ayudarme a poner el mensaje de mi vida en palabras escritas. Celina Mina, muchas gracias por convertir este libro en realidad. Gracias, Karalee Fielding, por tus comentarios y orientación. Tim Whincop — tu guía en los matices ha sido invaluable — gracias, amigo. Estoy muy agradecido, Nathan Eshman, por tus habilidades de audio al producir la versión en audio de este libro. Tony Irving, gracias por ofrecer tu magia fotográfica que hizo que mi rostro apareciera en la portada. Gracias, Mike Murphy, por empujarme a escribir el viaje y el mensaje de Kingdom Builders en primer lugar. Por último, pero nunca menos importante, mi familia y muchos amigos que me han animado en este viaje. Estoy muy agradecido.

SOBRE EL AUTOR

Andrew Denton es un empresario exitoso y Anciano de la Iglesia Hillsong que ha dado la vuelta al mundo compartiendo un mensaje sencillo: inspirar a los pastores y sus congregaciones a vivir la vida en un nivel diferente y financiar el Reino. También ha criado a tres hijos maravillosos y temerosos de Dios junto a su hermosa esposa, Susan. Cuando era niño quería ser un surfista profesional y viajar por el mundo; Dios respondió una de esas oraciones. Cuando Andrew no está en su bicicleta, enviando mensajes de texto con el Daily Verse de Denton a los líderes de todo el planeta o bebiendo un trago largo, puedes encontrarlo disfrutando del tiempo con sus nietos en su casa en Sydney, Australia. Relacional, honesto y directo, el enfoque de Andrew hacia el ministerio y la vida es nada menos que inspirador. Sus discursos han impactado a miles de creyentes en todo el mundo. Es por eso que las verdades que se encuentran en estas páginas te desafiarán a convertirse en un Kingdom Builder y cambiar la forma en que sirves a Dios para siempre.

www.ingramcontent.com/pod-product-compliance
Lightning Source LLC
LaVergne TN
LVHW021601070426
835507LV00015B/1895